Eine Welt mit vielen Gesichtern
Band I – Wien

# DAS GESICHT DER STADT WIEN

Ein Projekt von Alexander Honory

SALON VERLAG

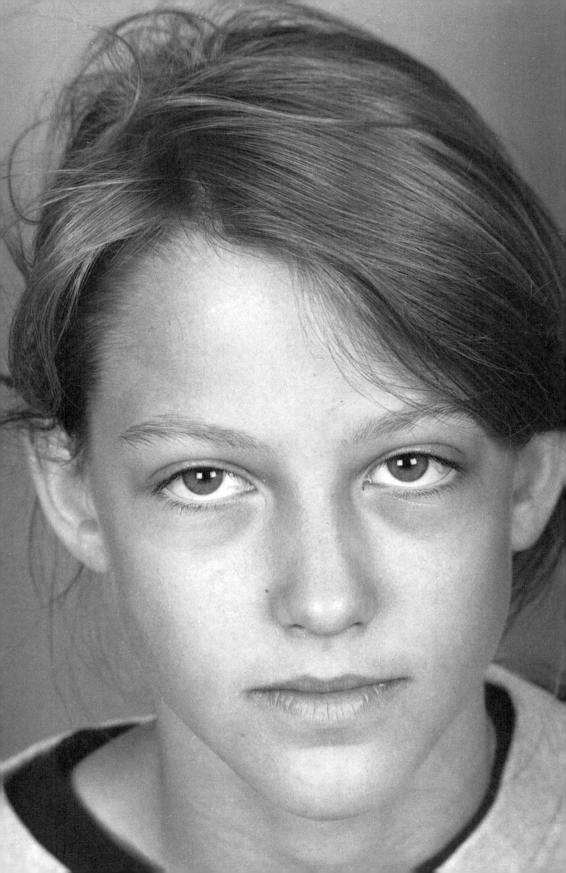

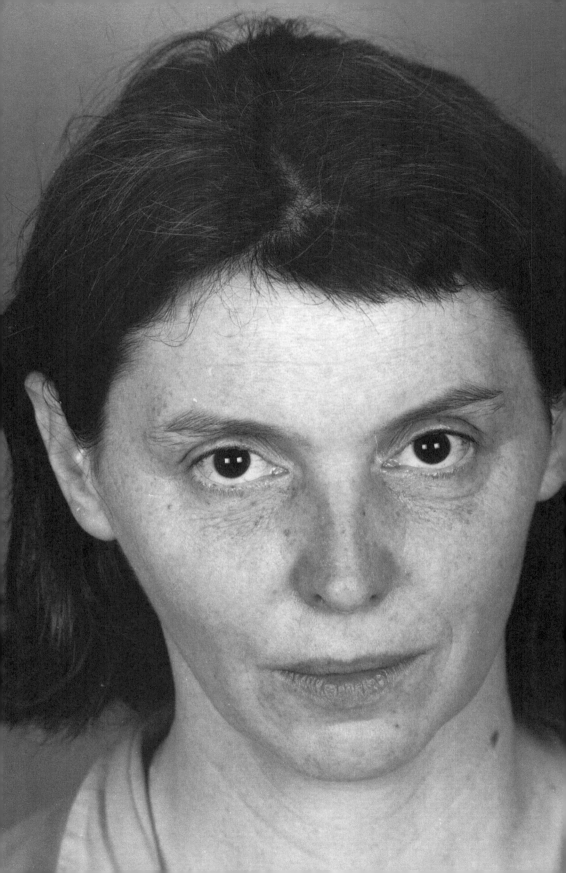

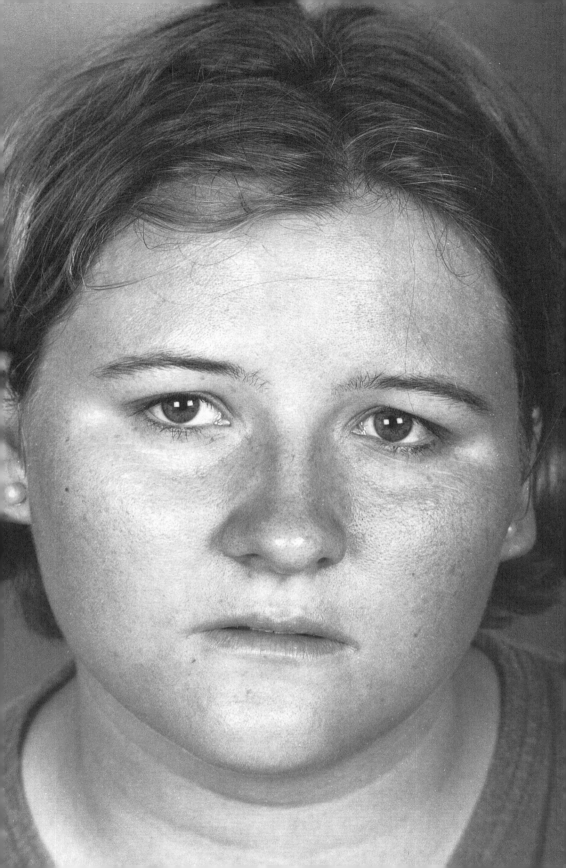

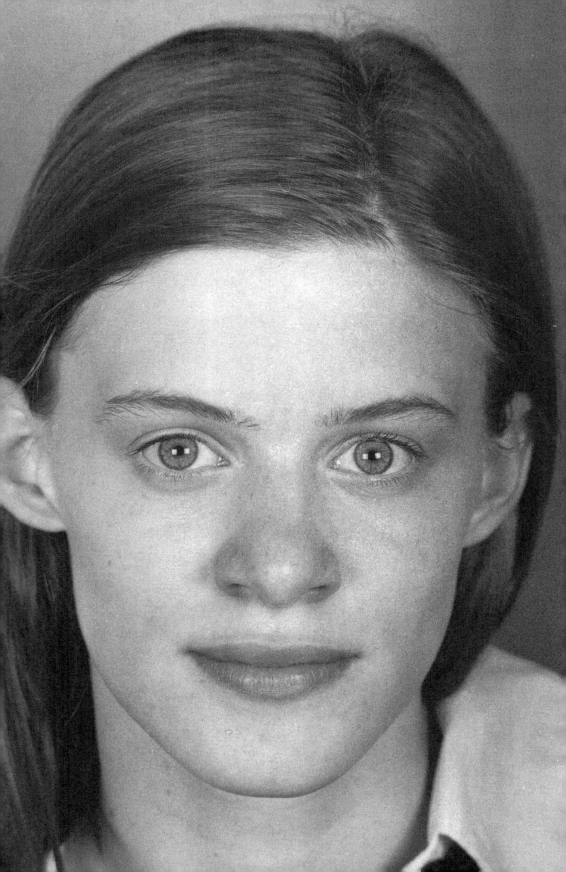

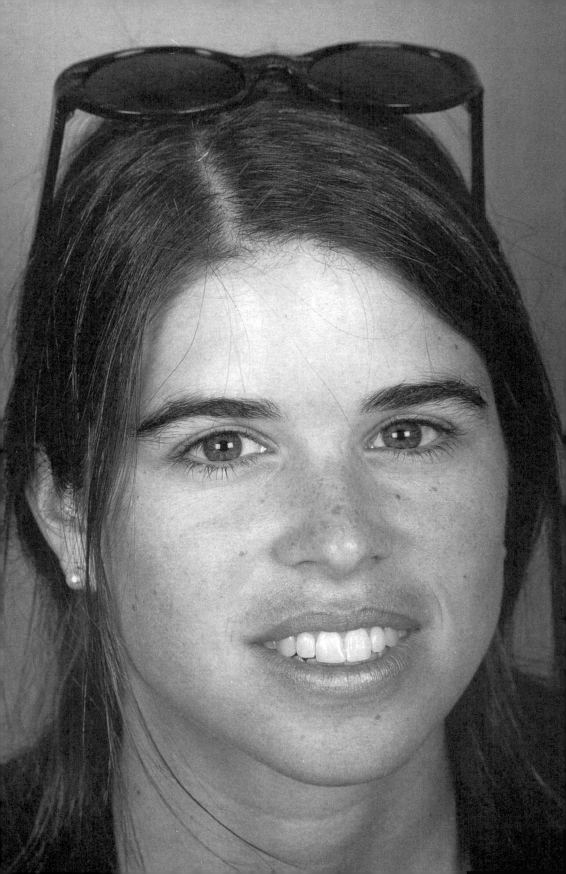

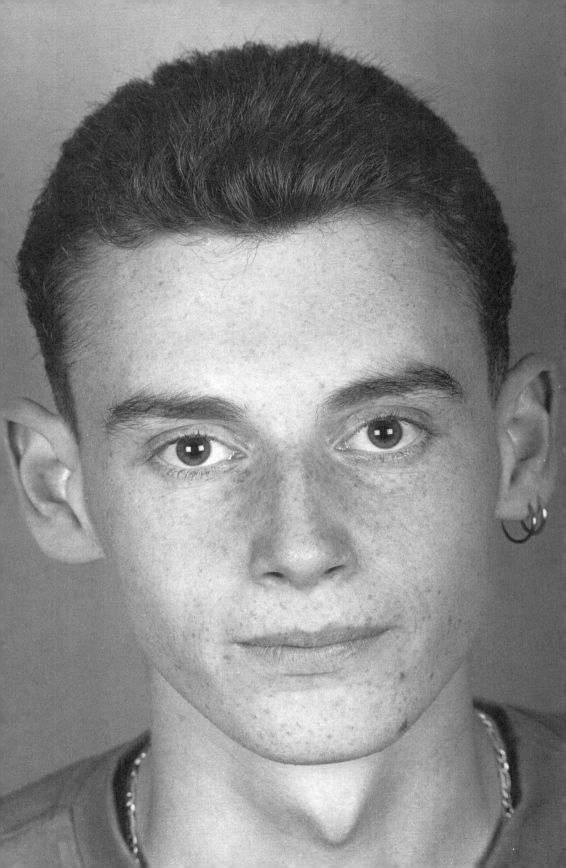

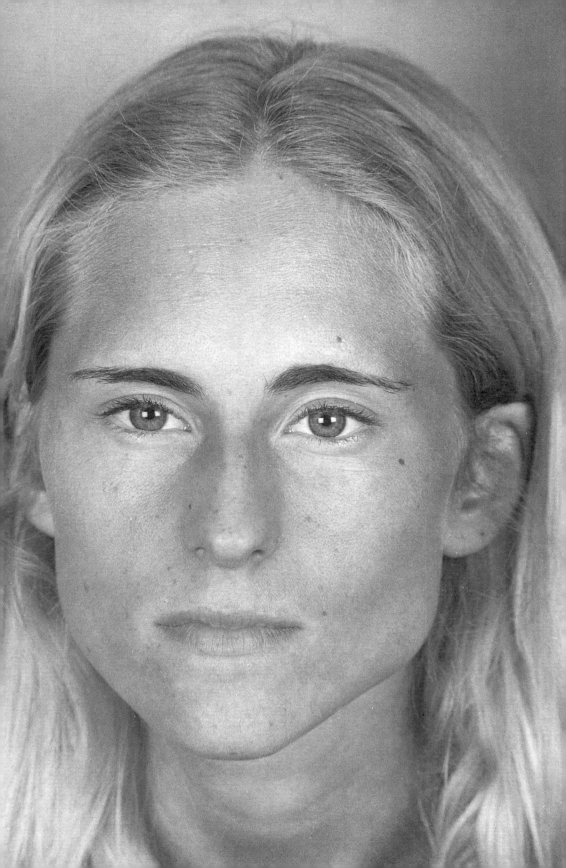

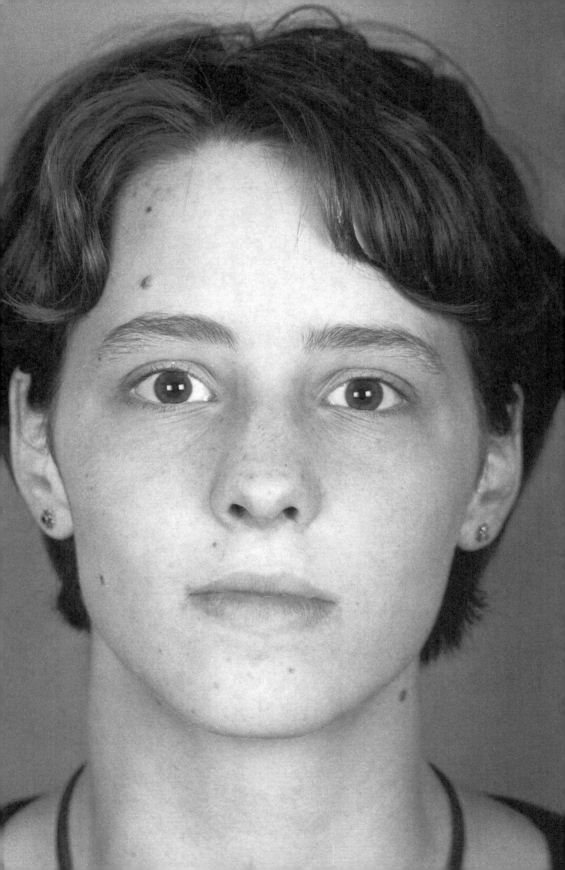

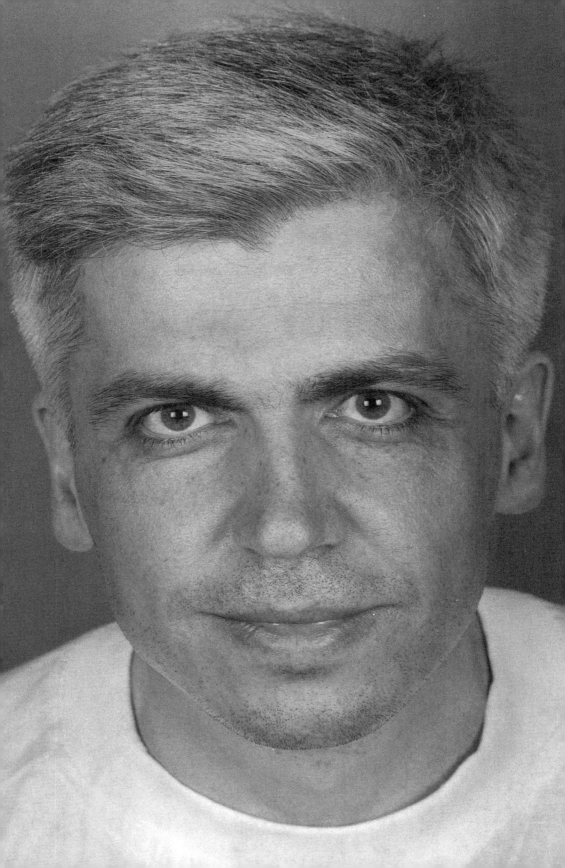

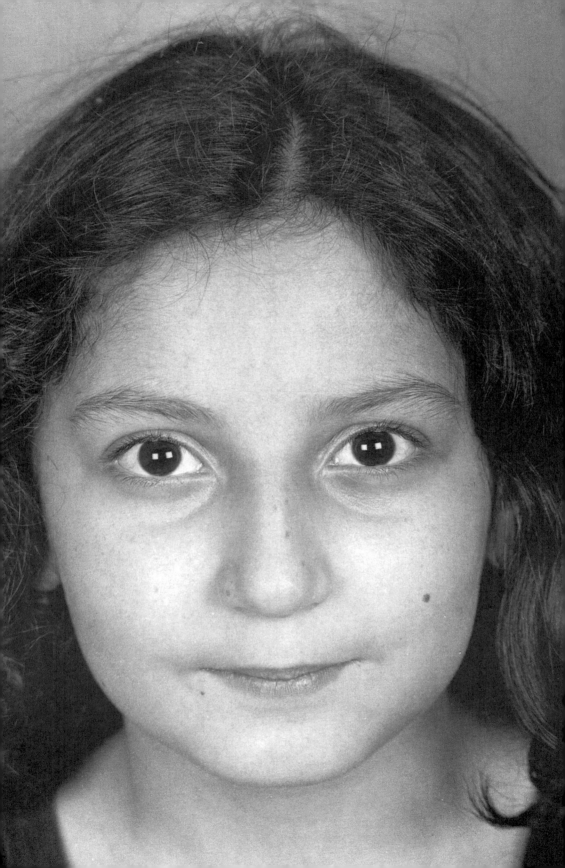

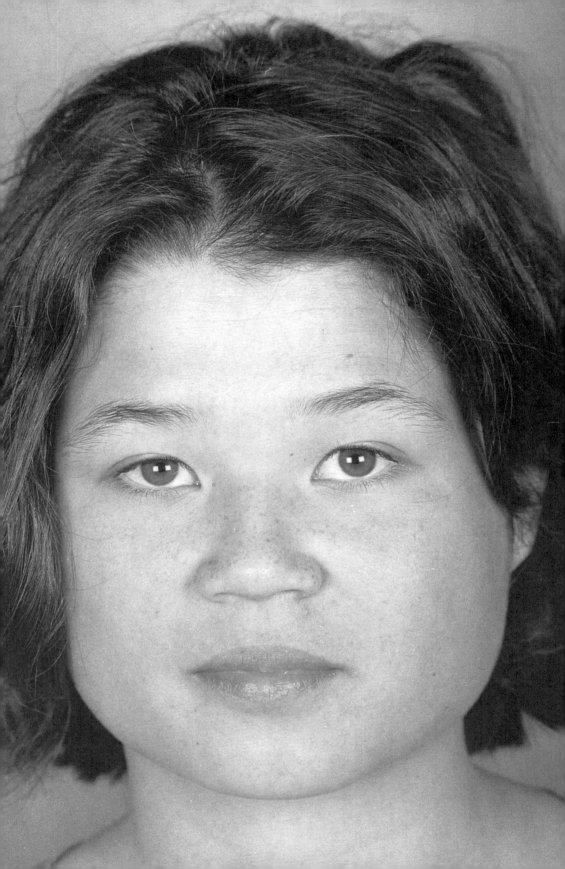

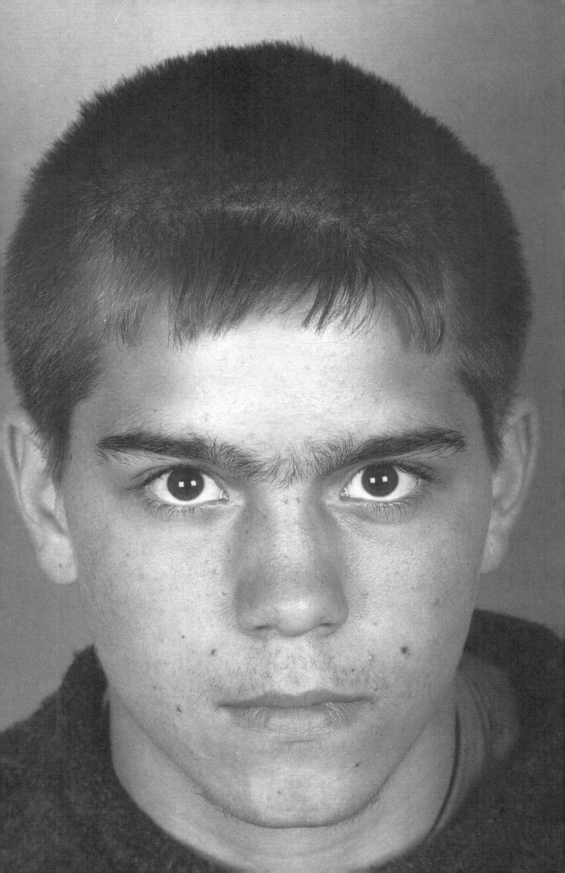

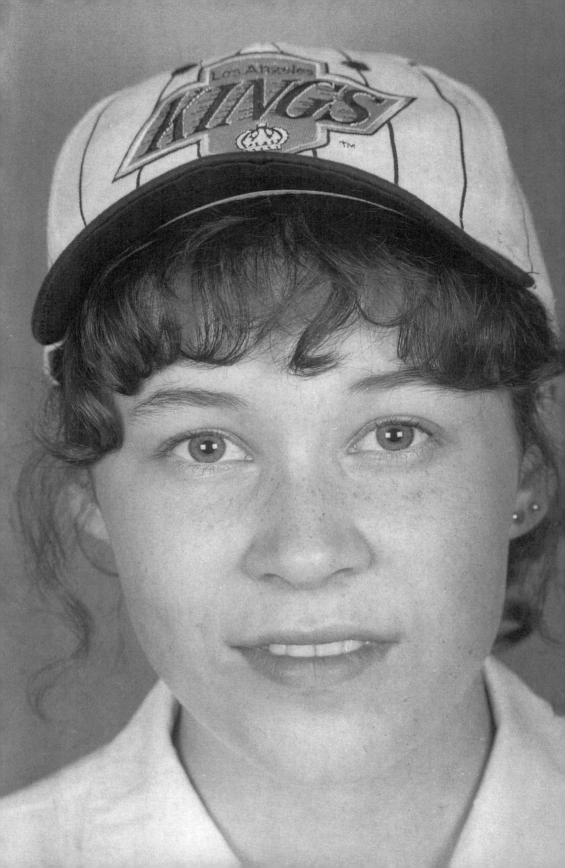

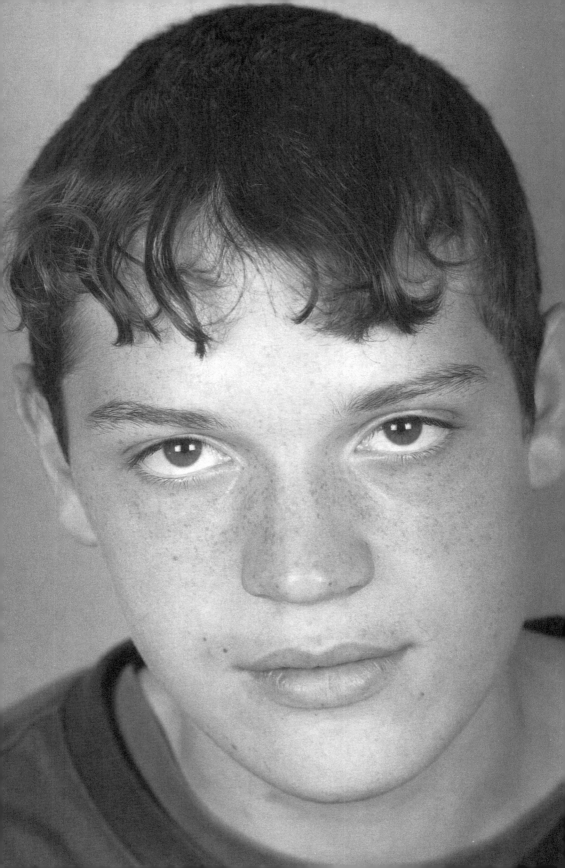

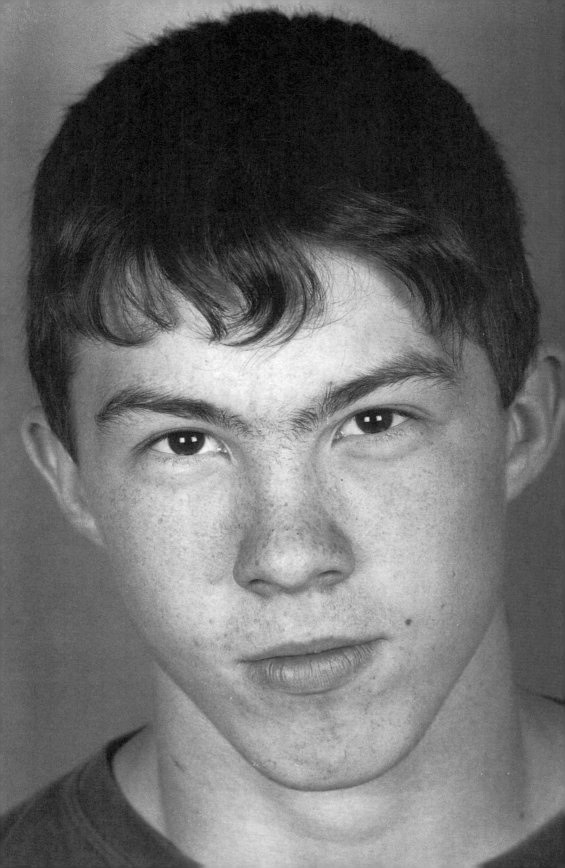

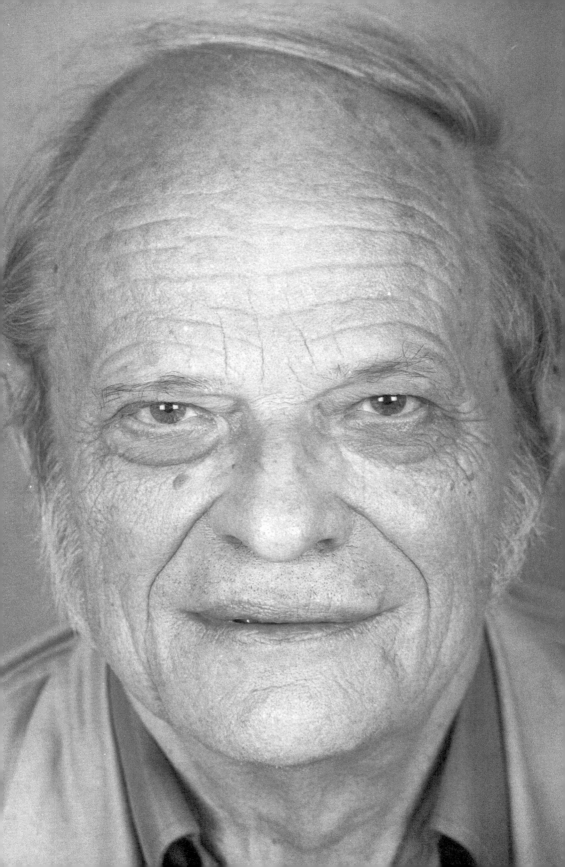

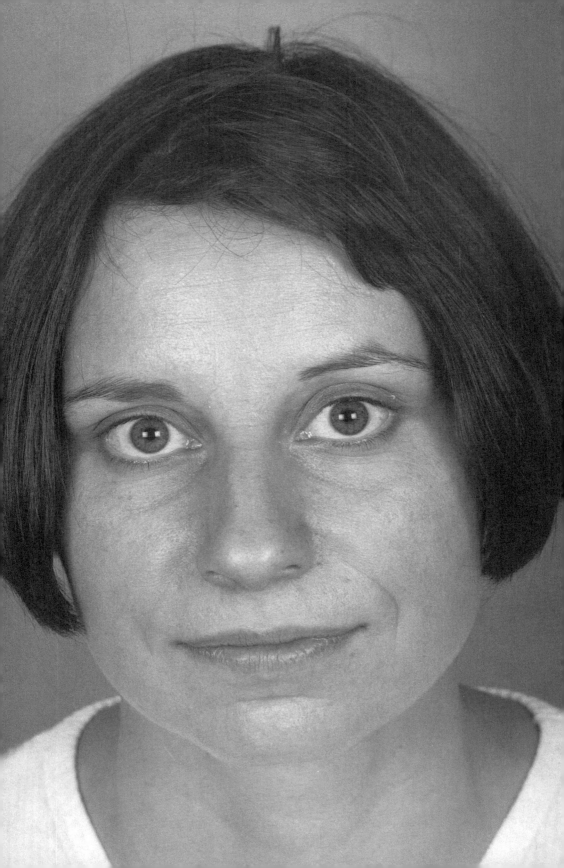

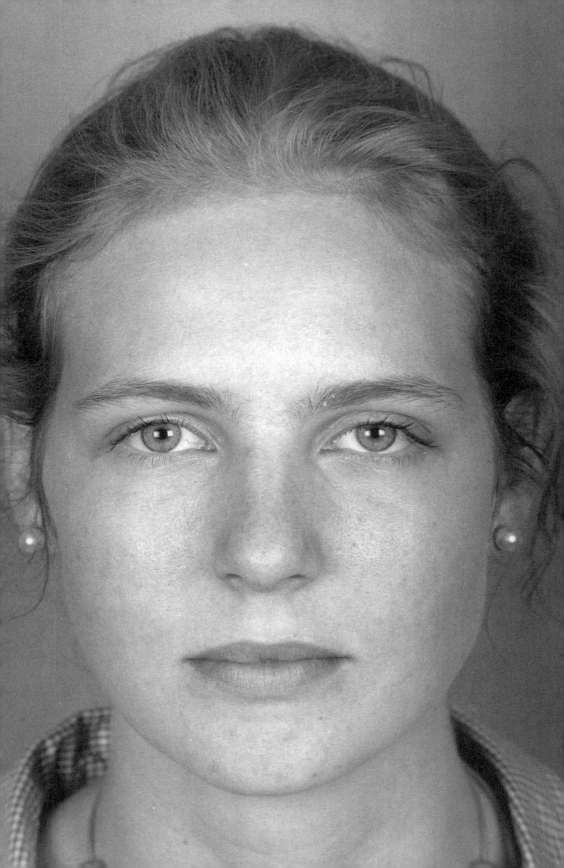

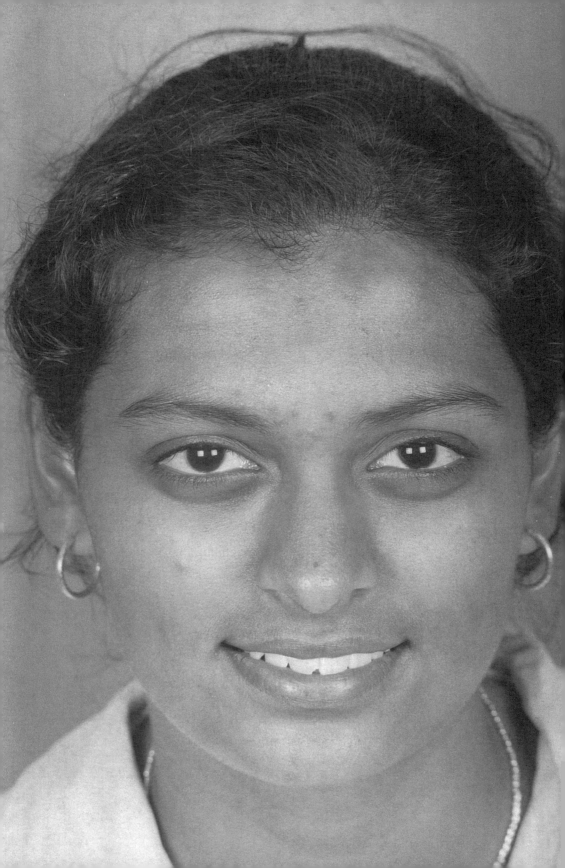

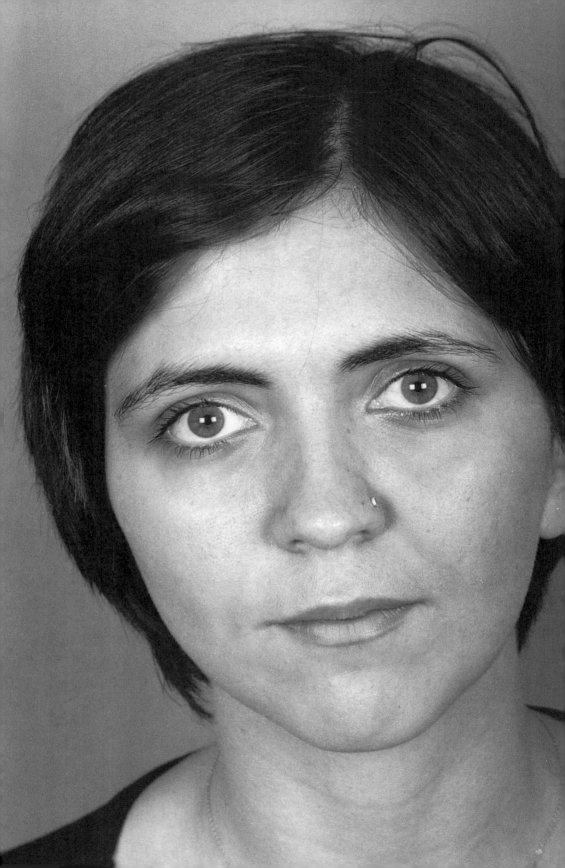

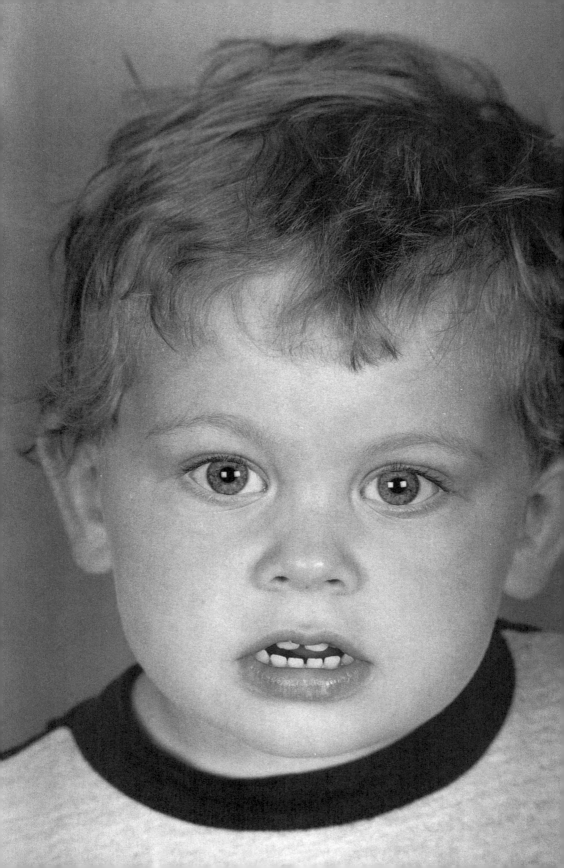

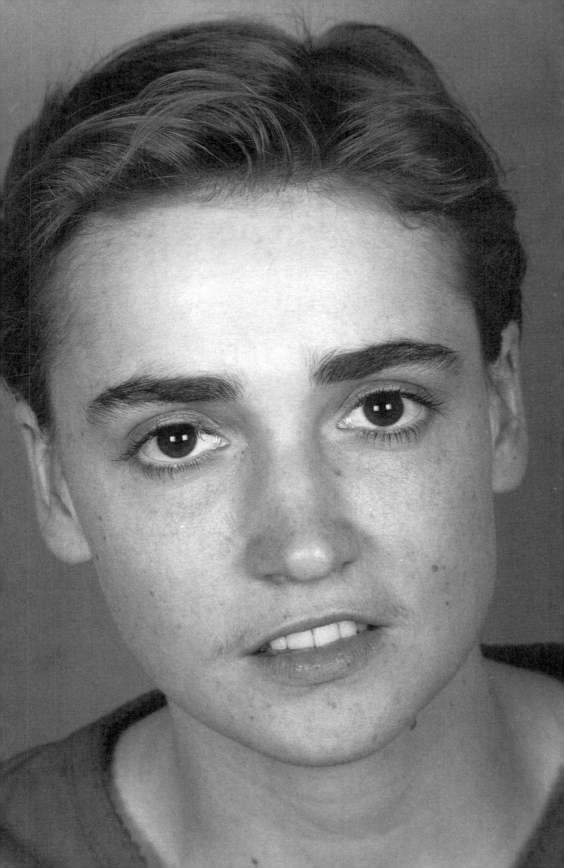

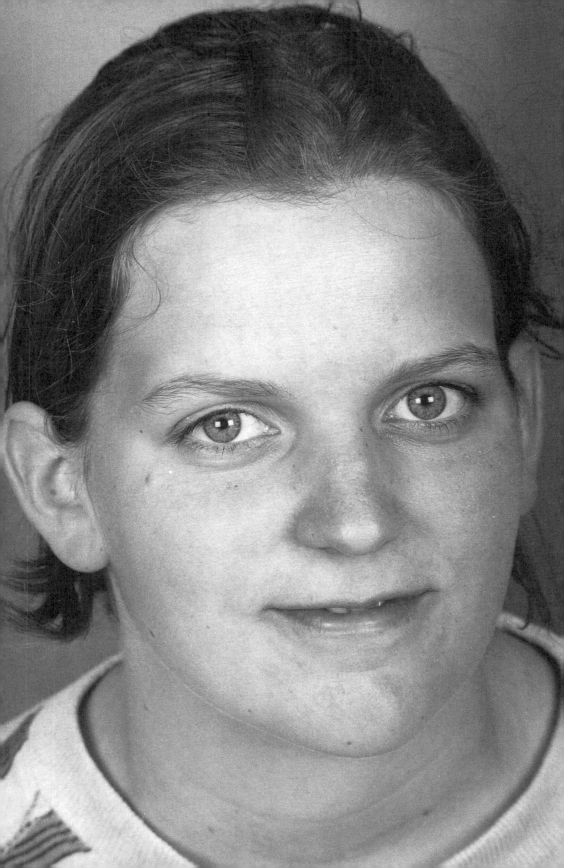

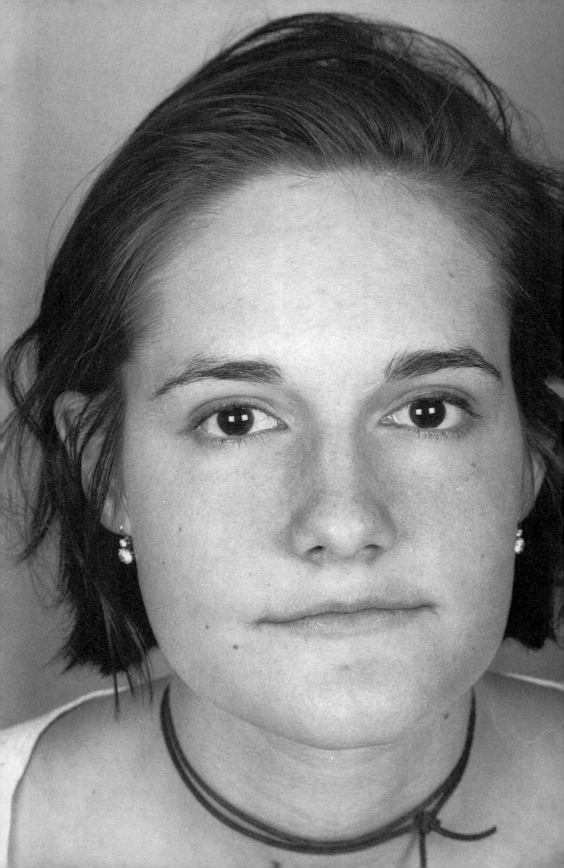

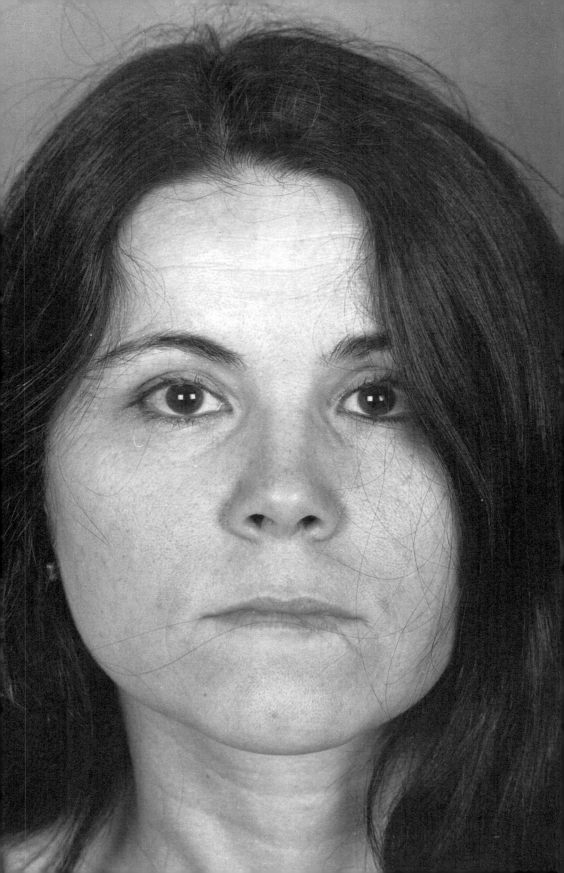

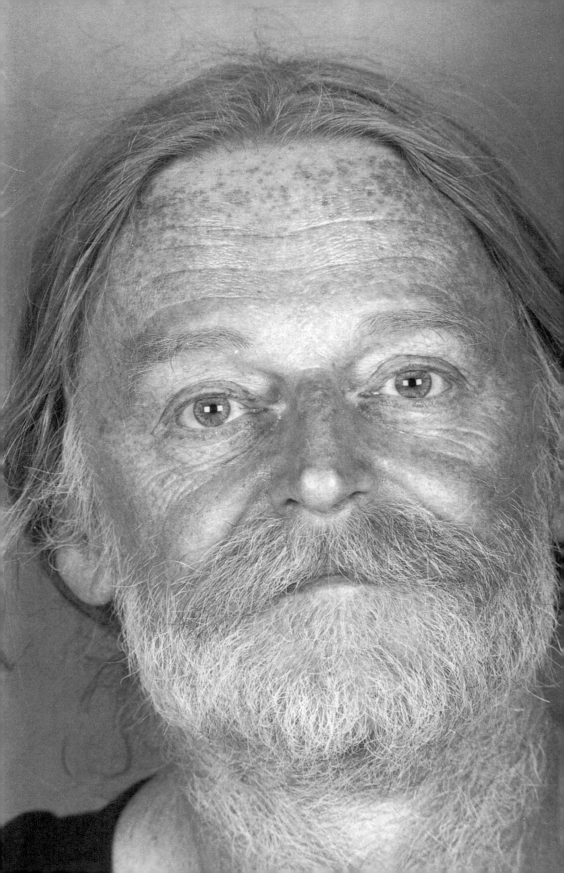

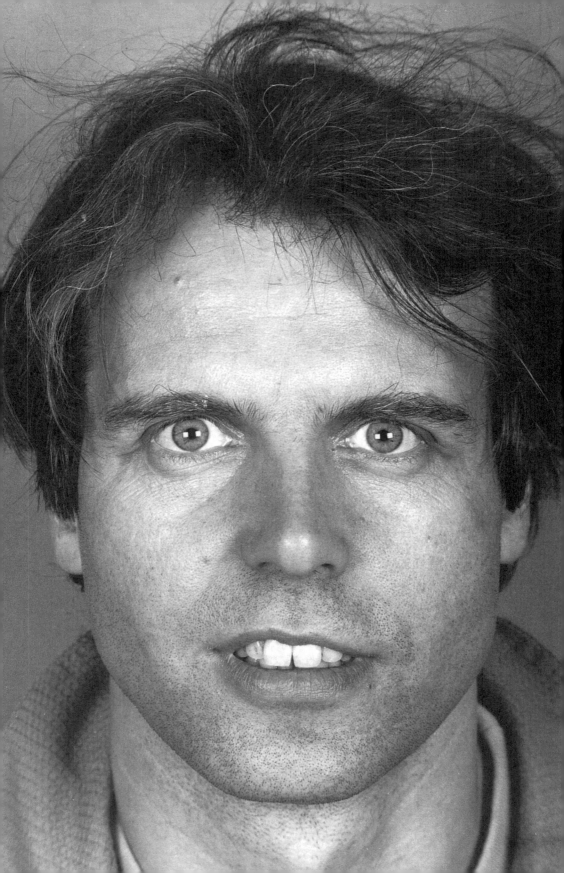

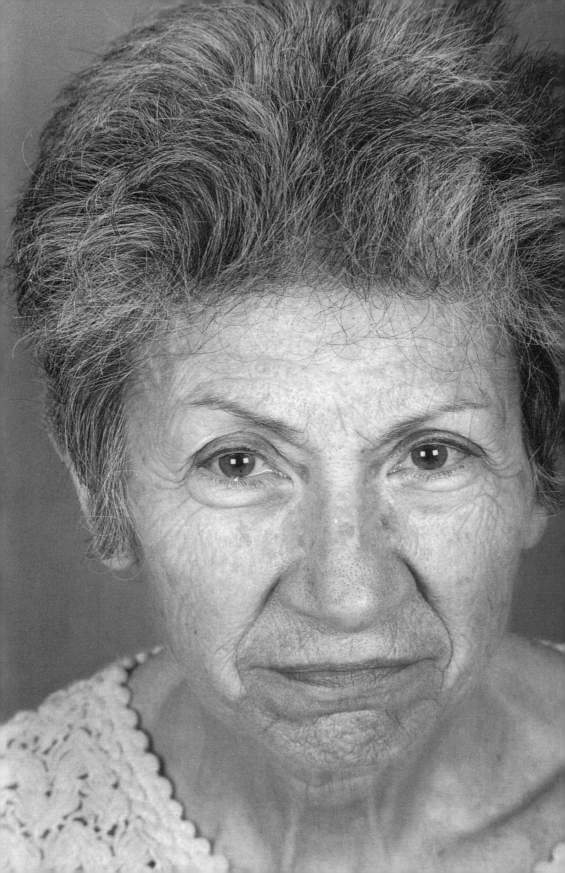

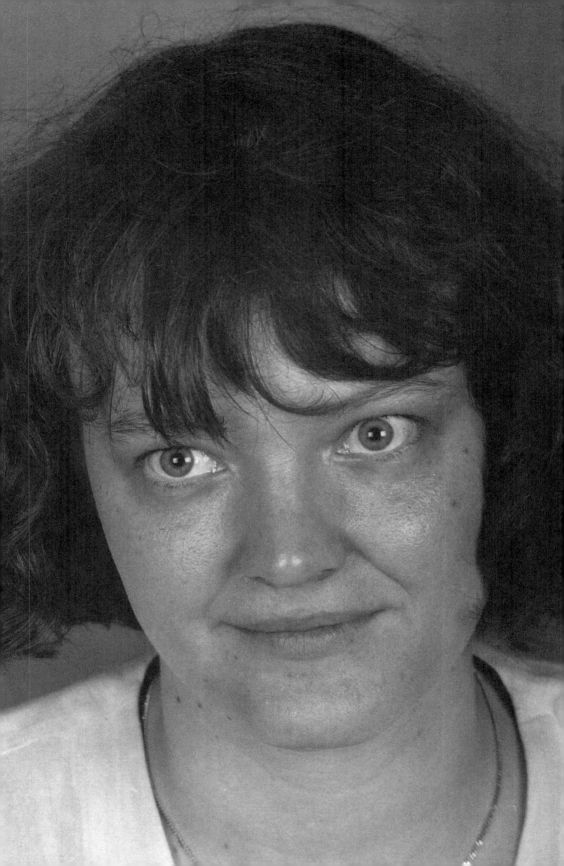

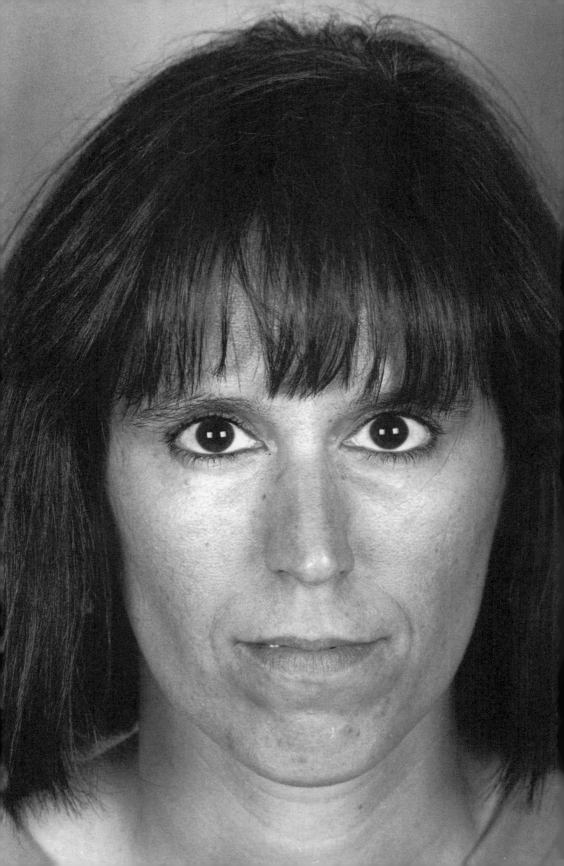

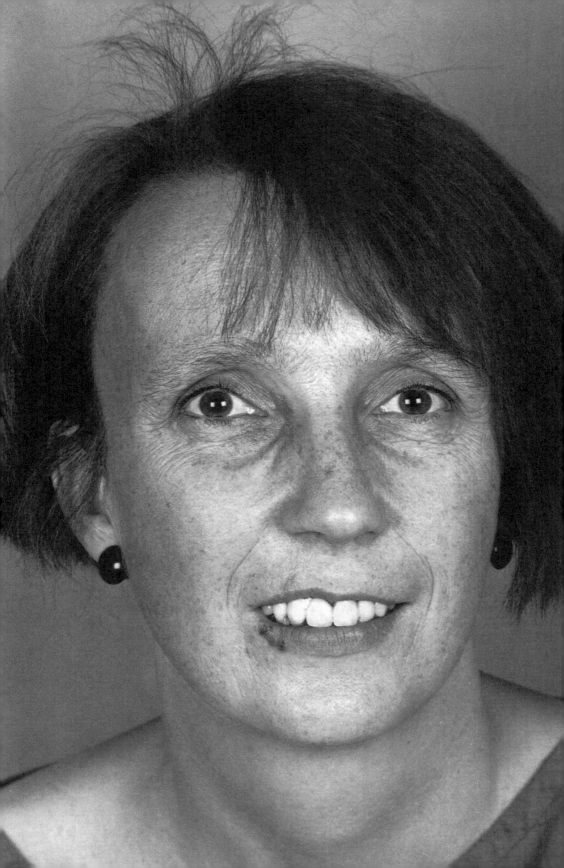

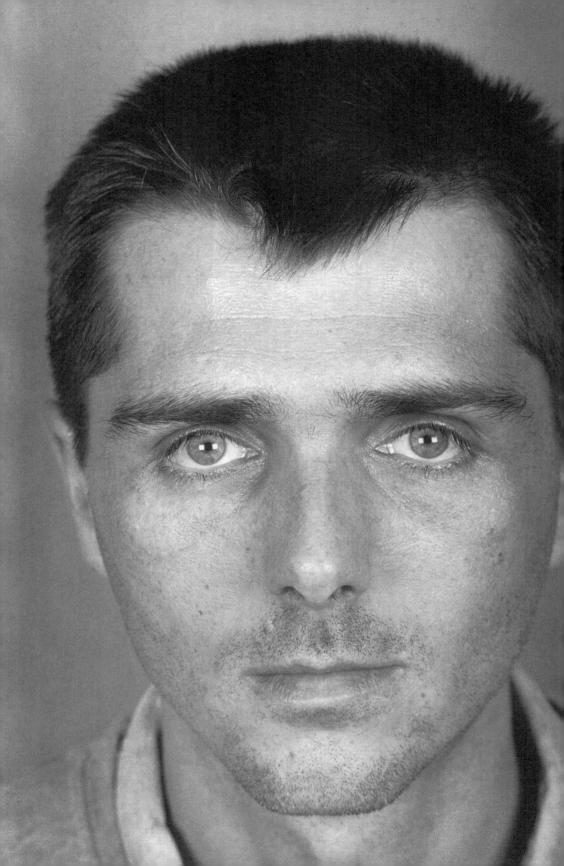

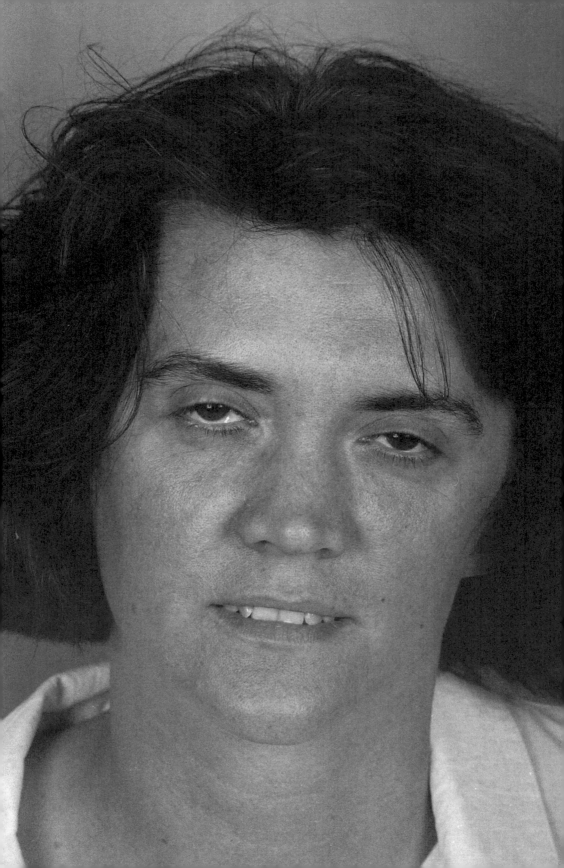

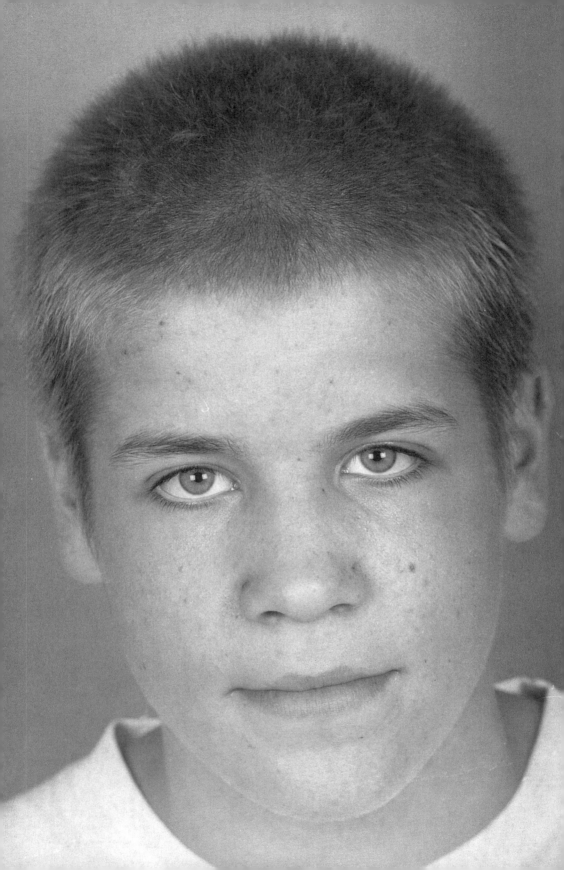

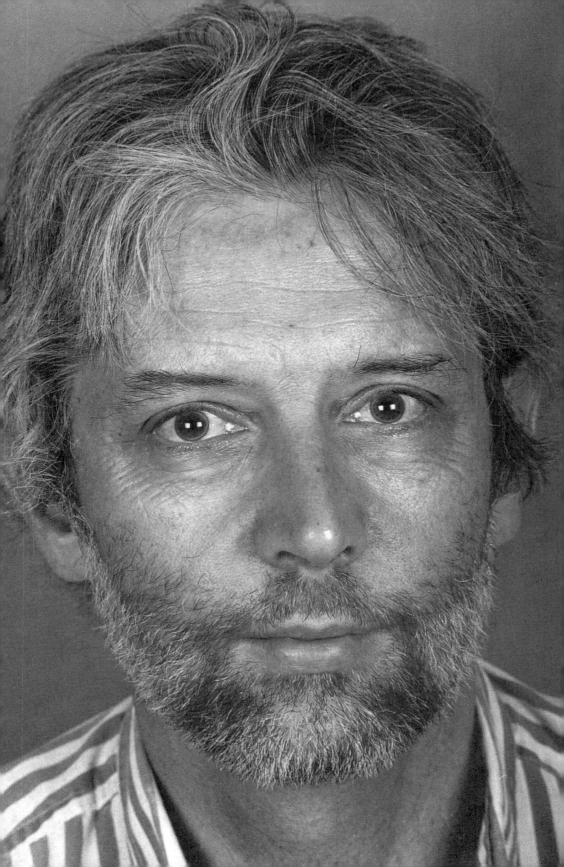

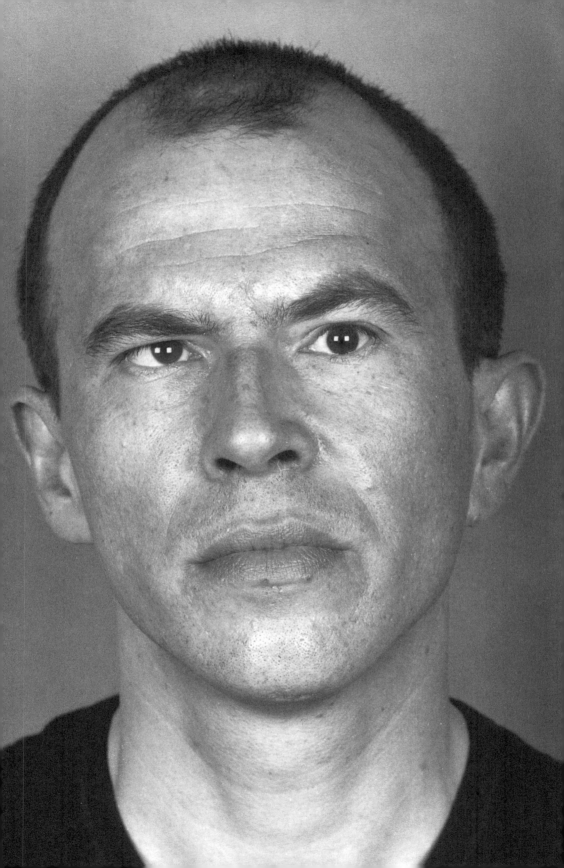

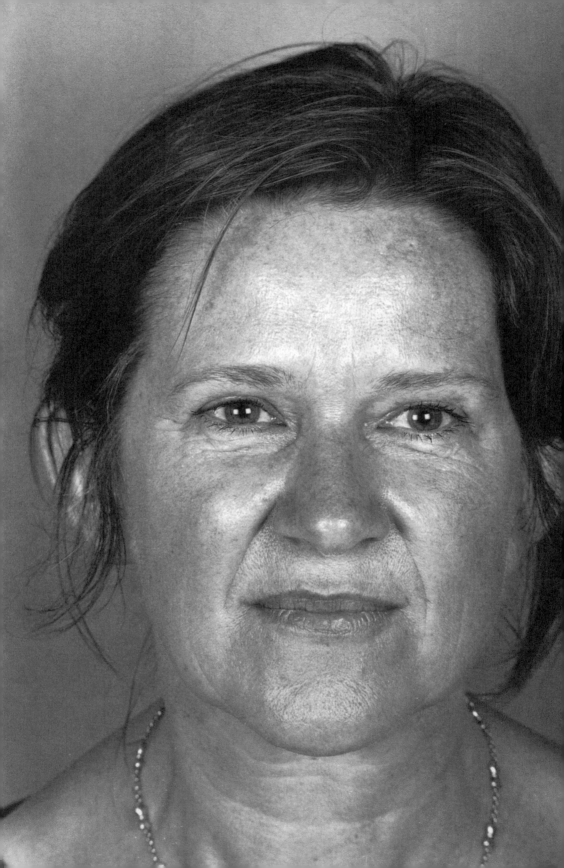

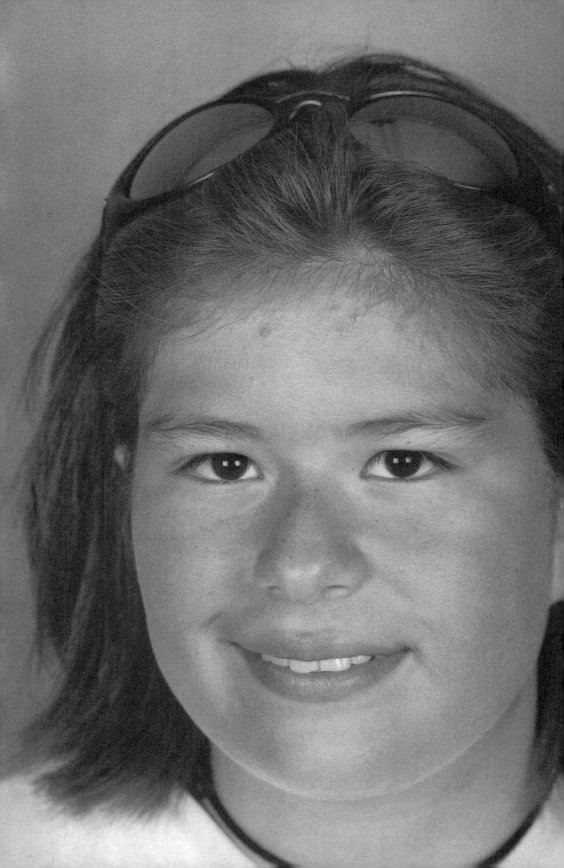

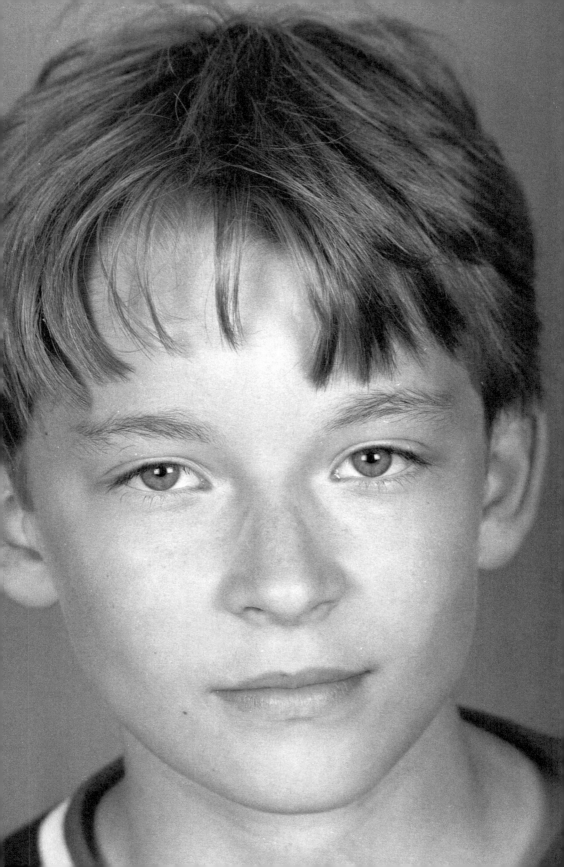

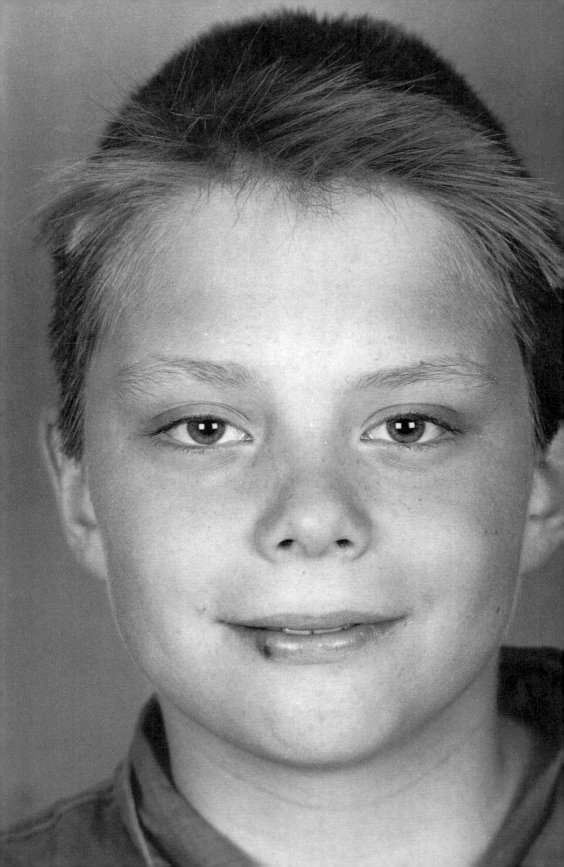

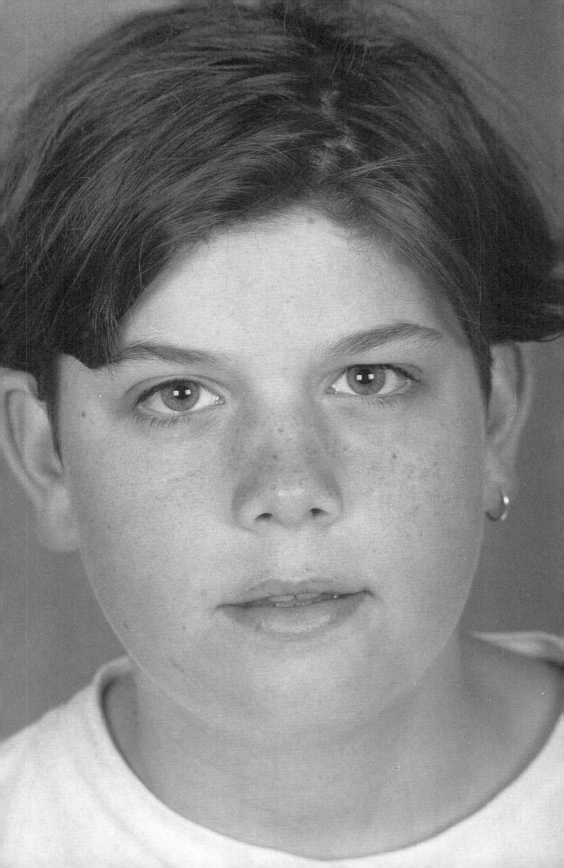

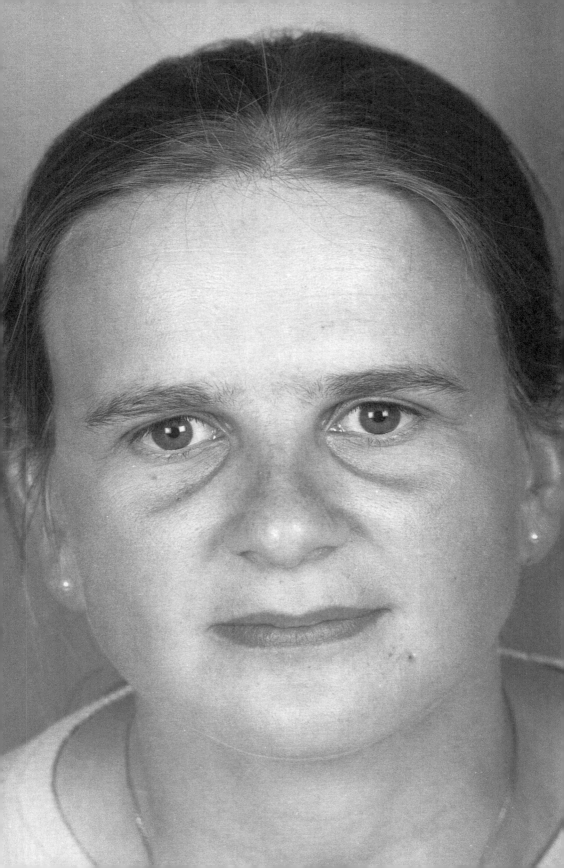

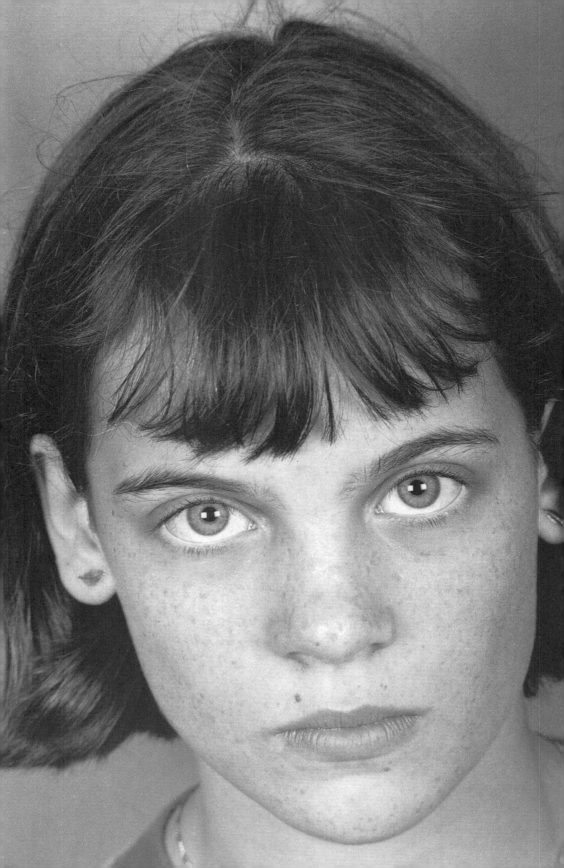

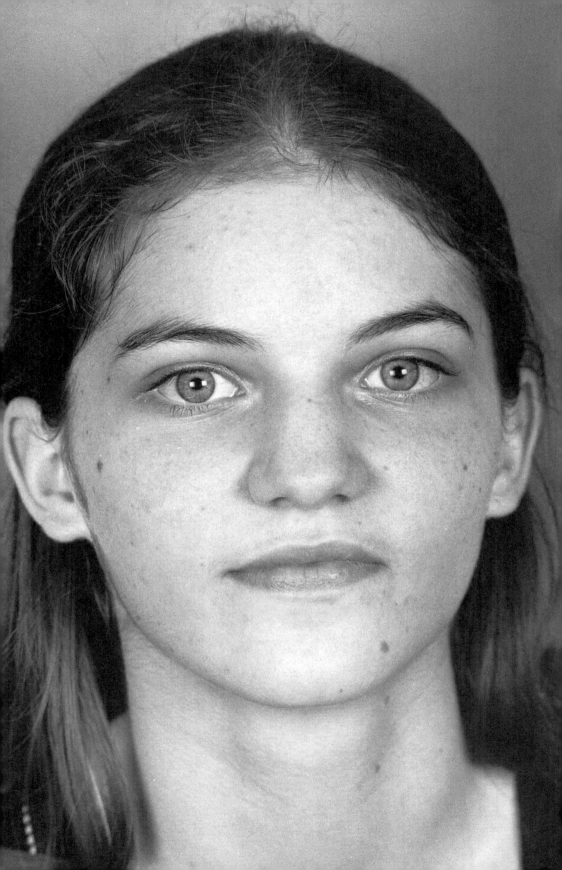

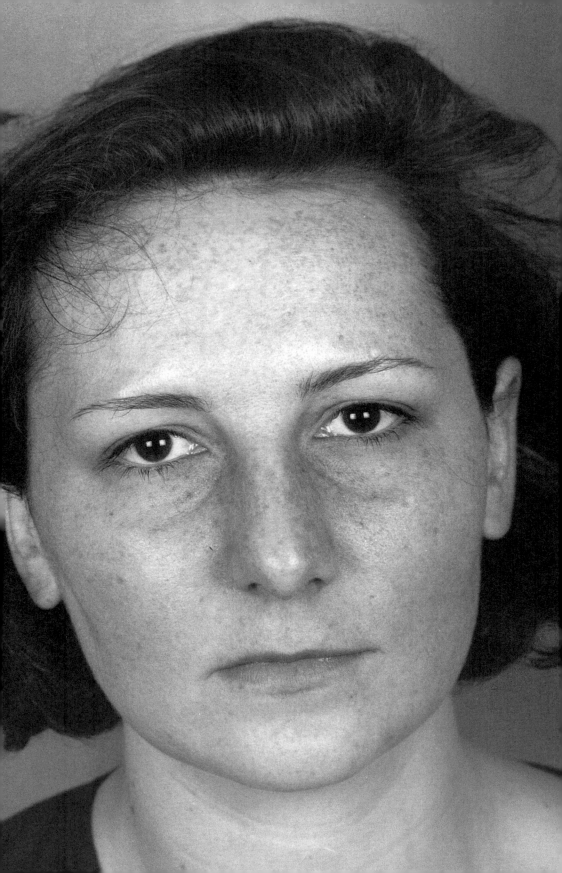

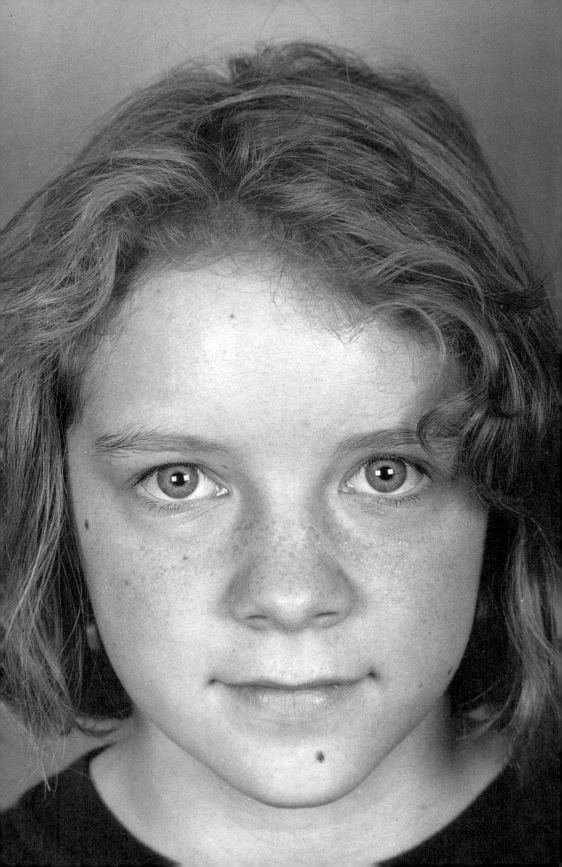

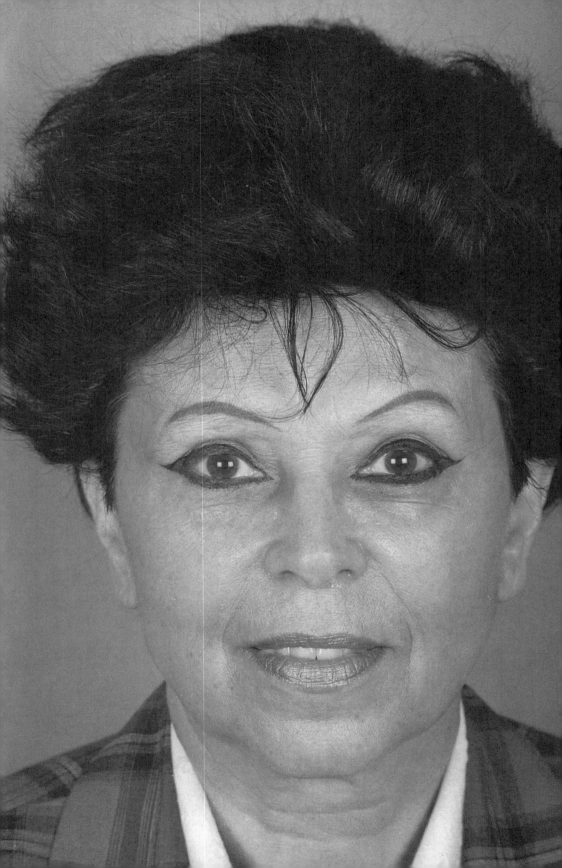

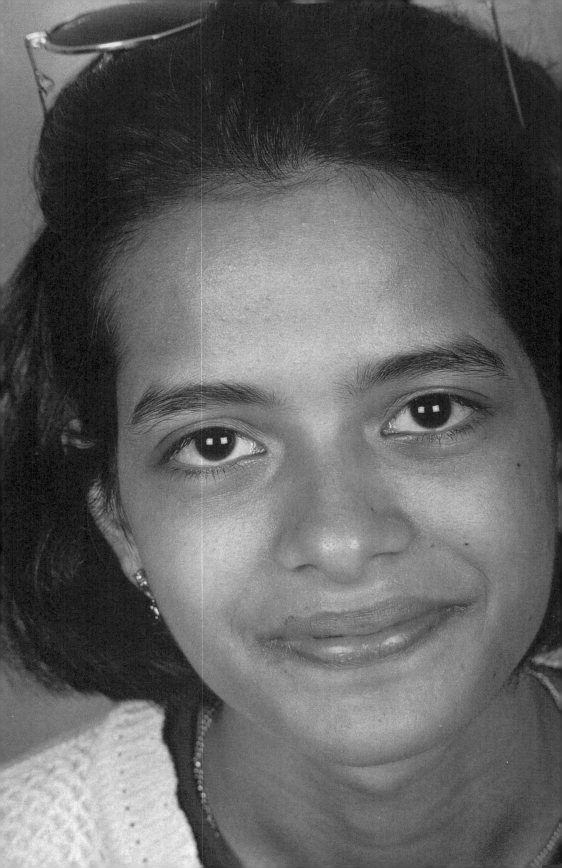

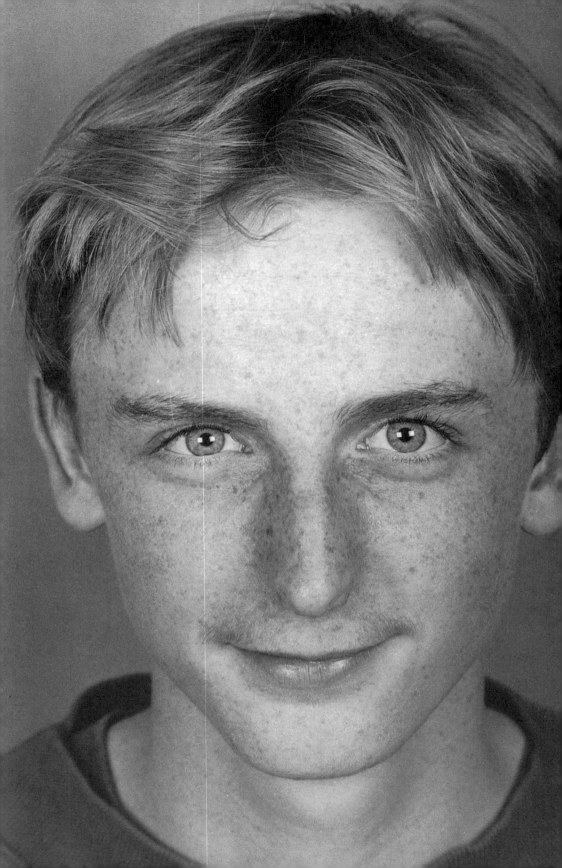

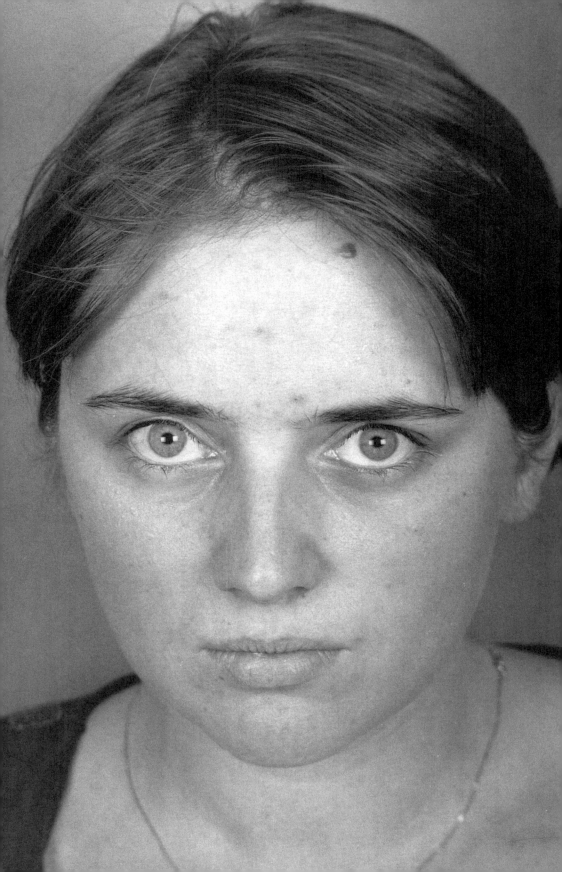

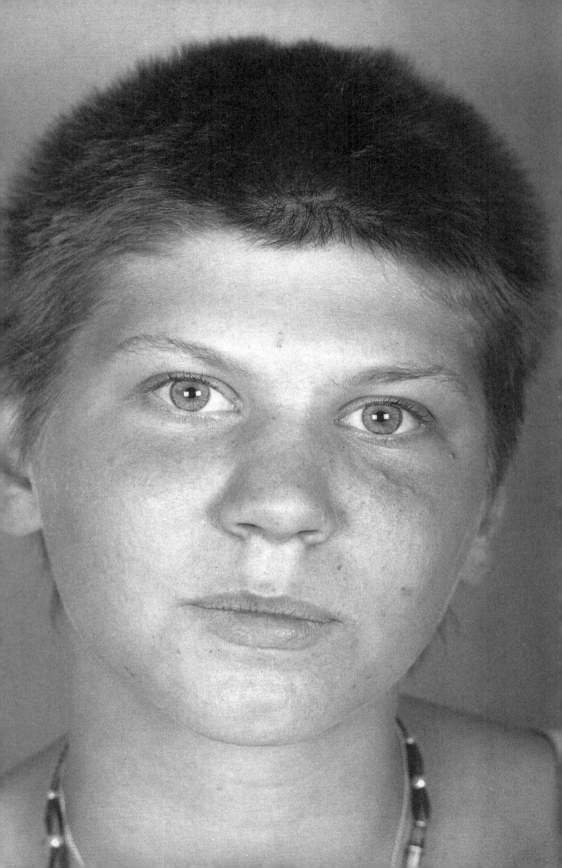

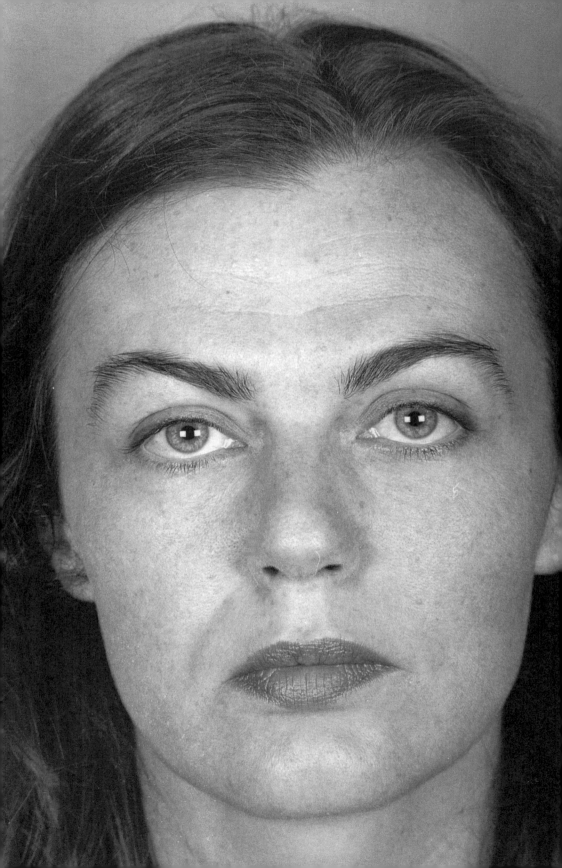

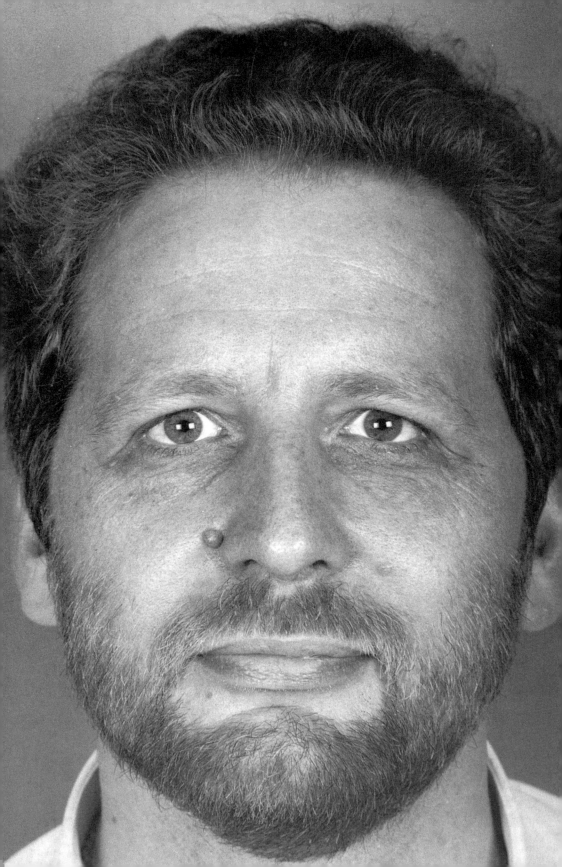

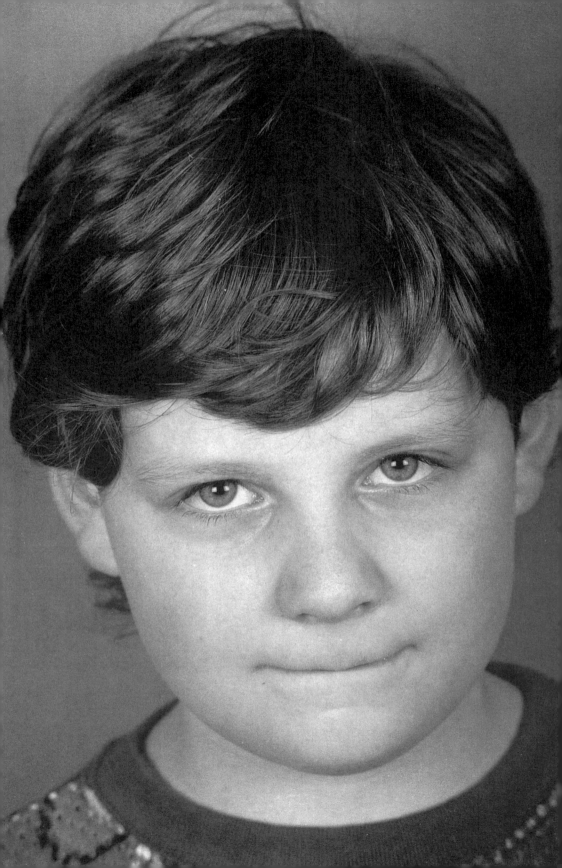

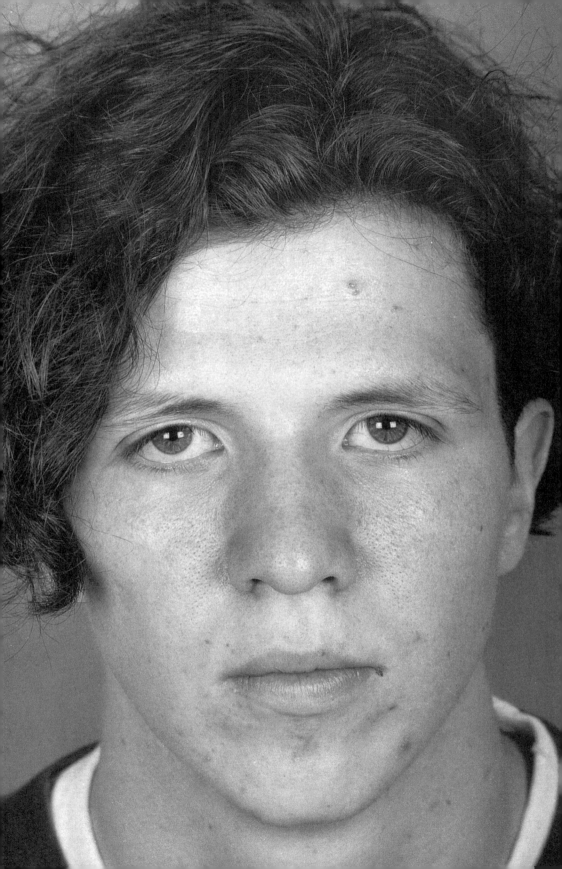

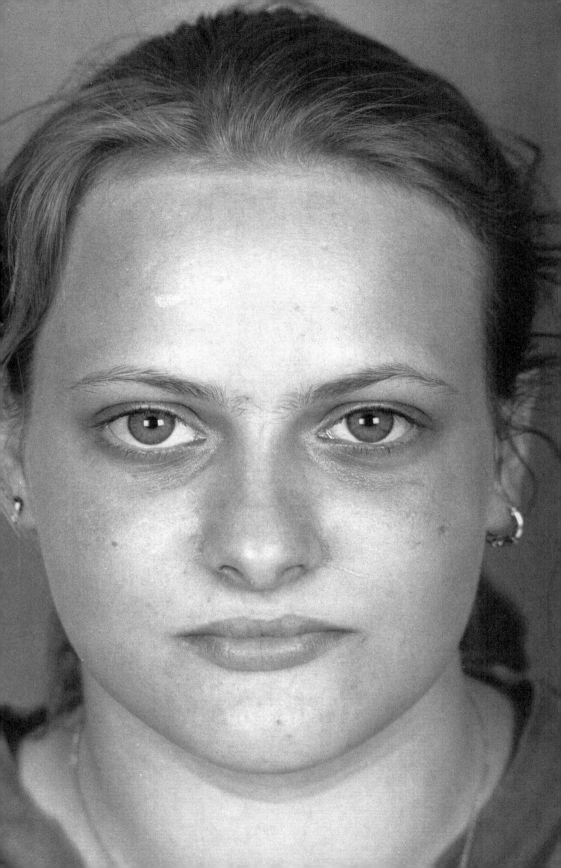

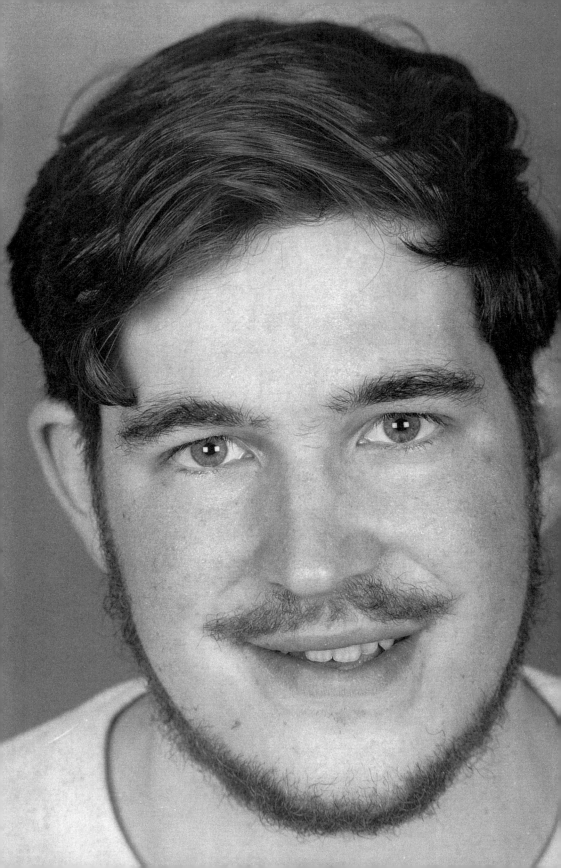

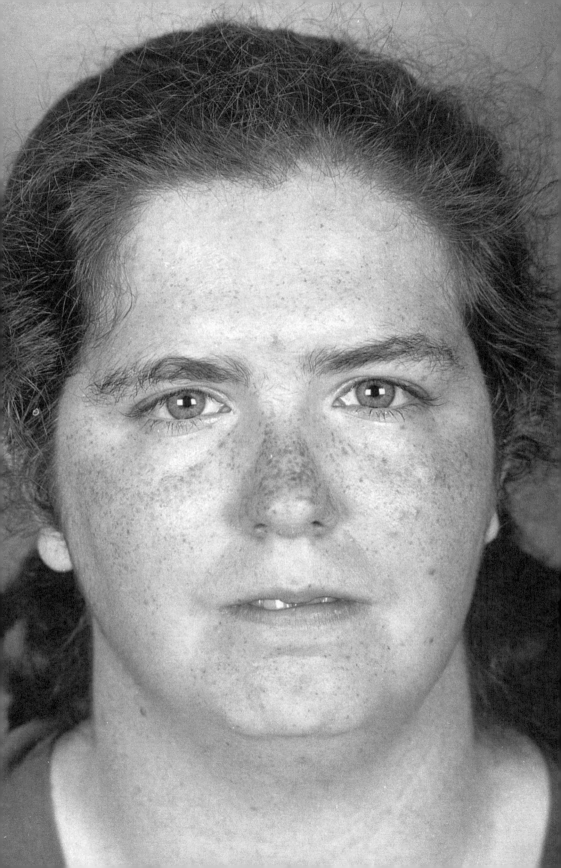

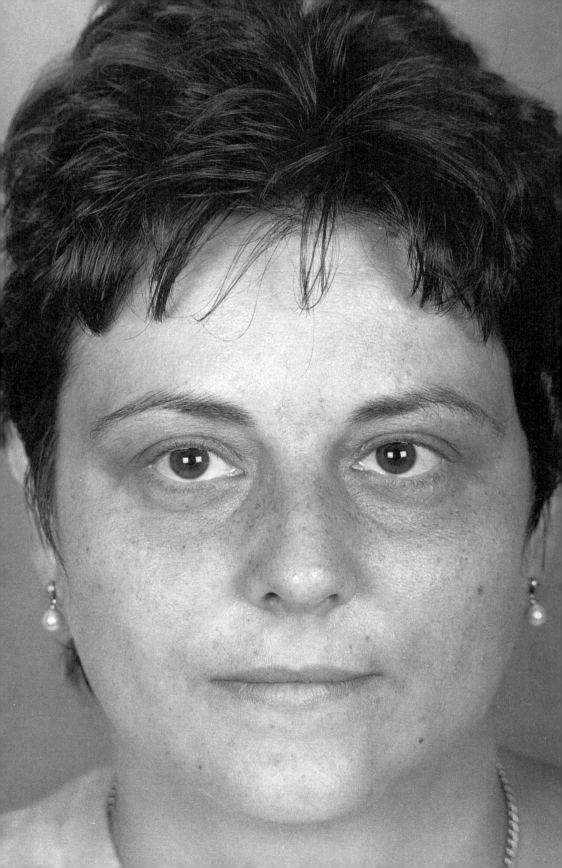

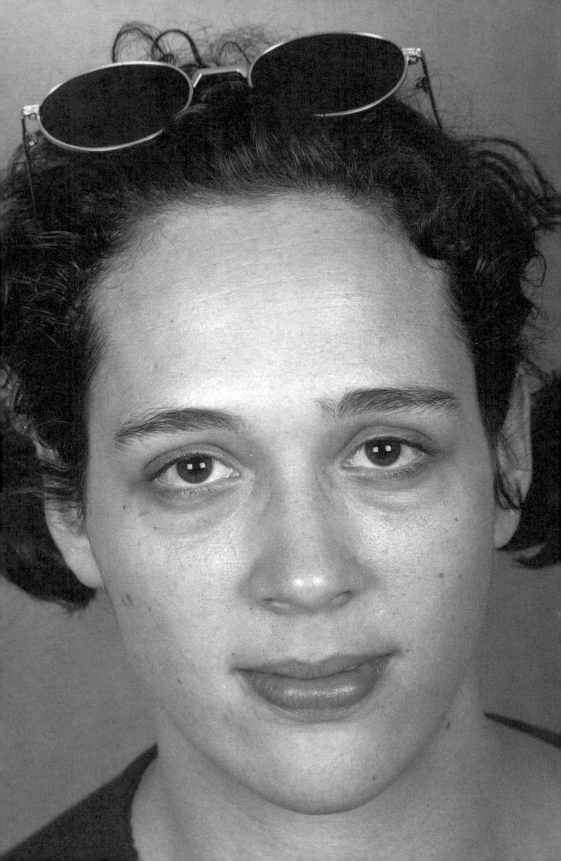

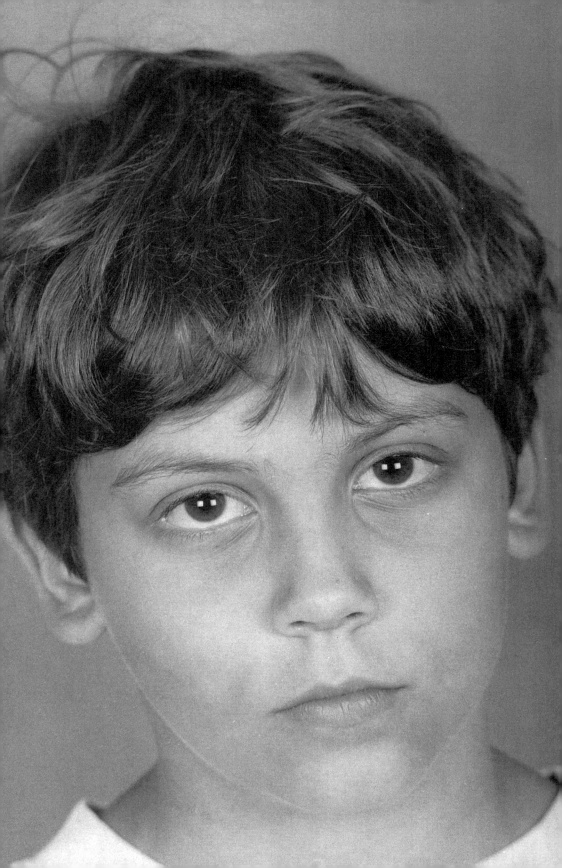

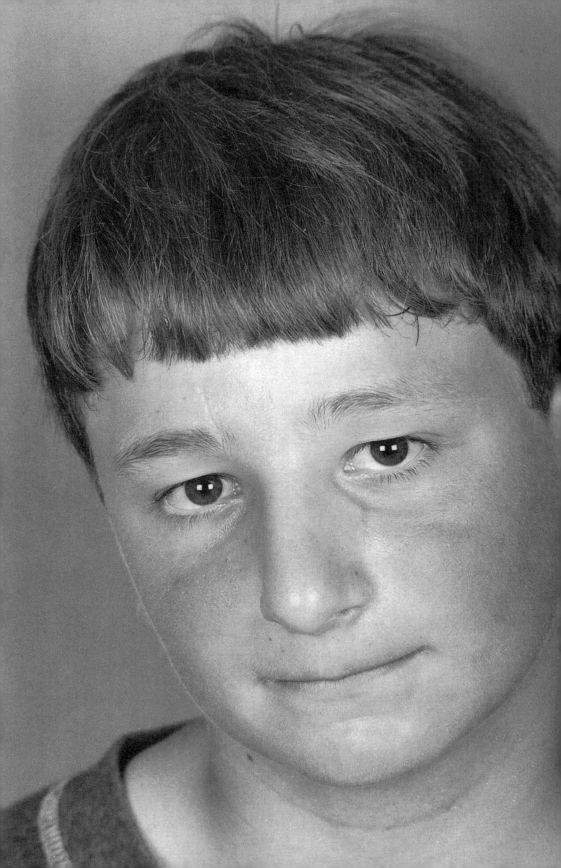

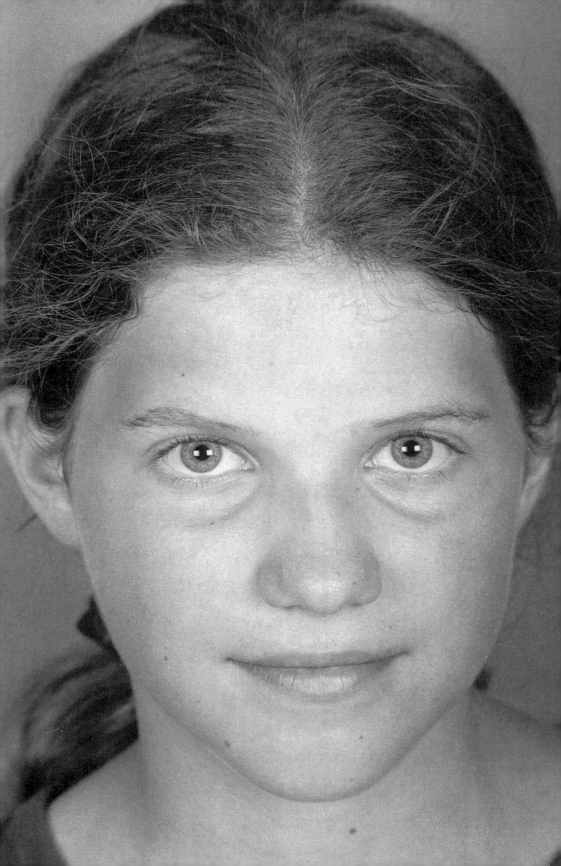

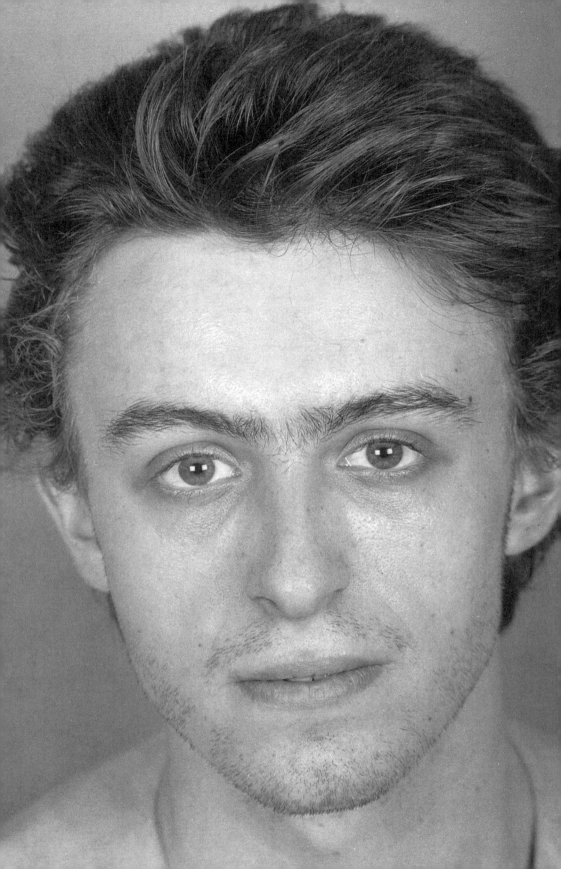

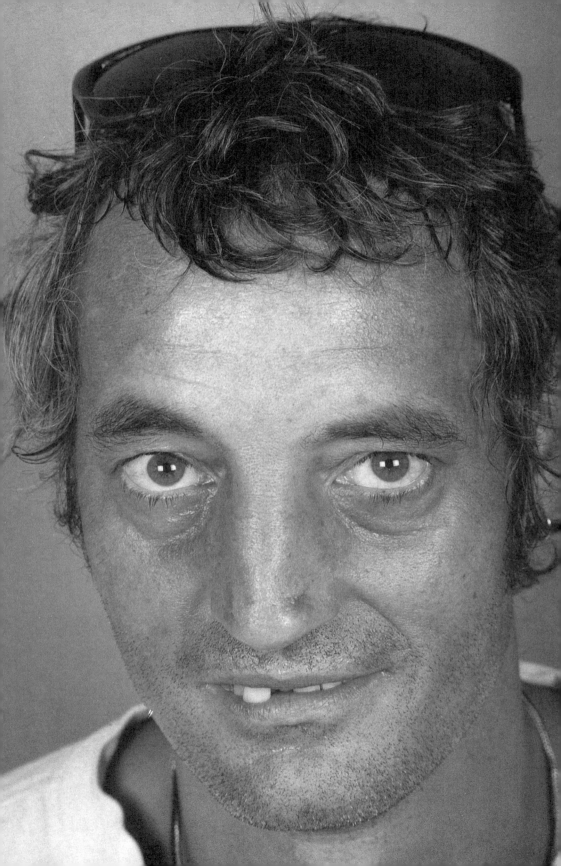

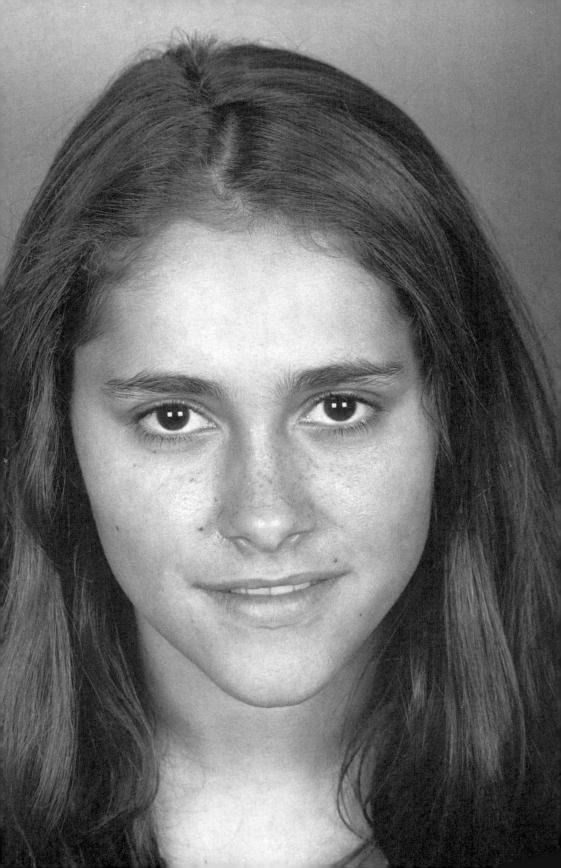

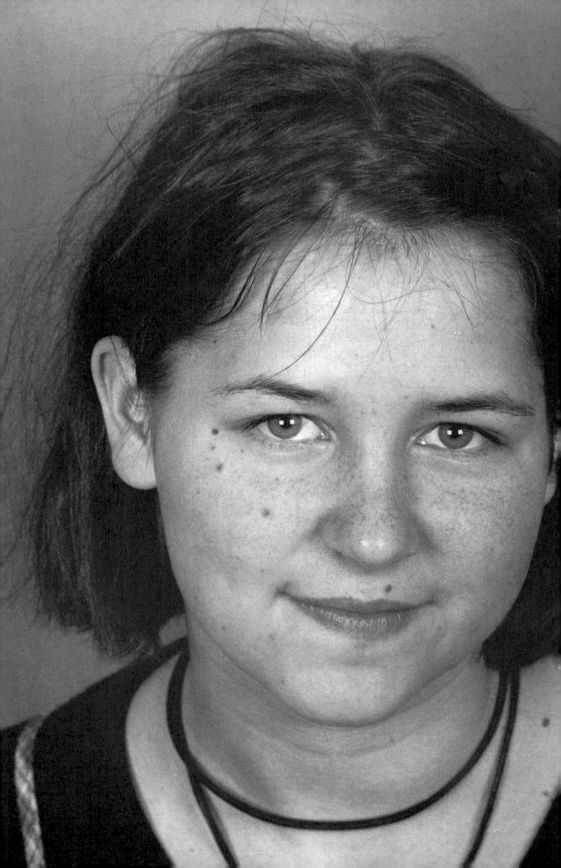

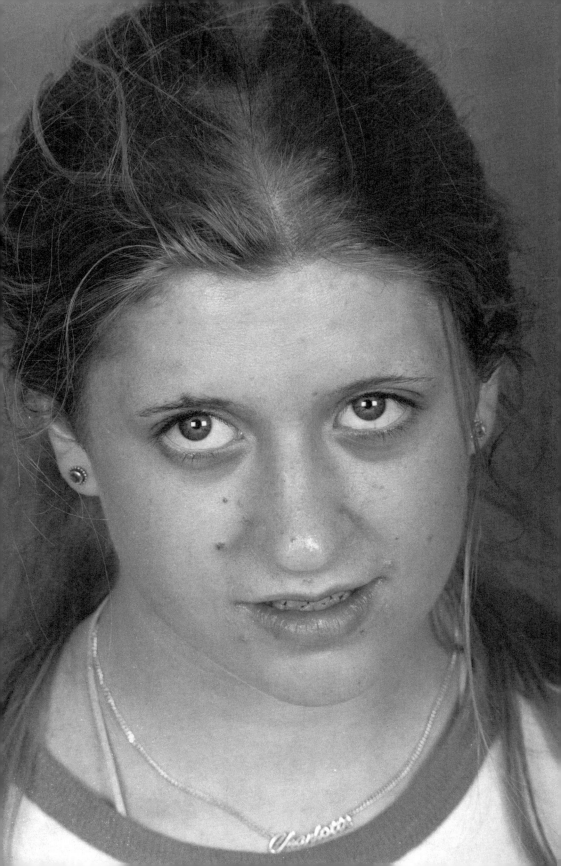

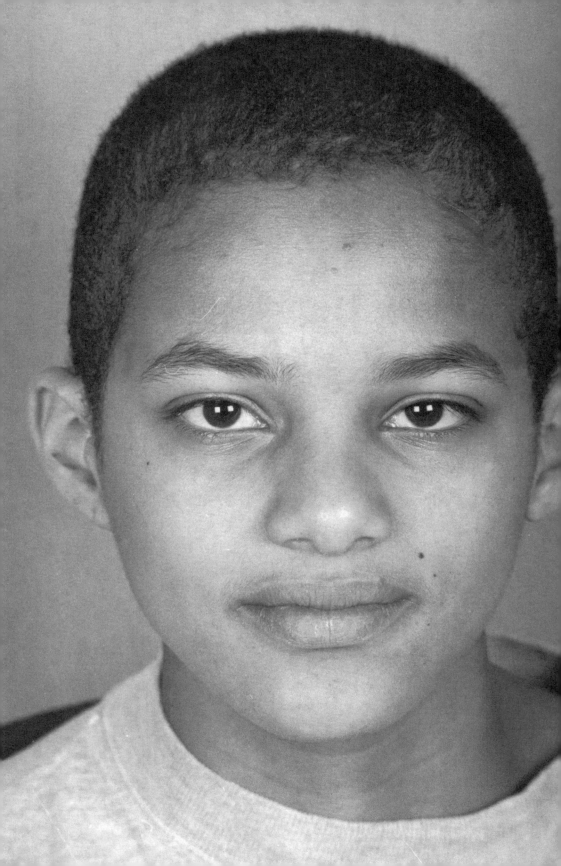

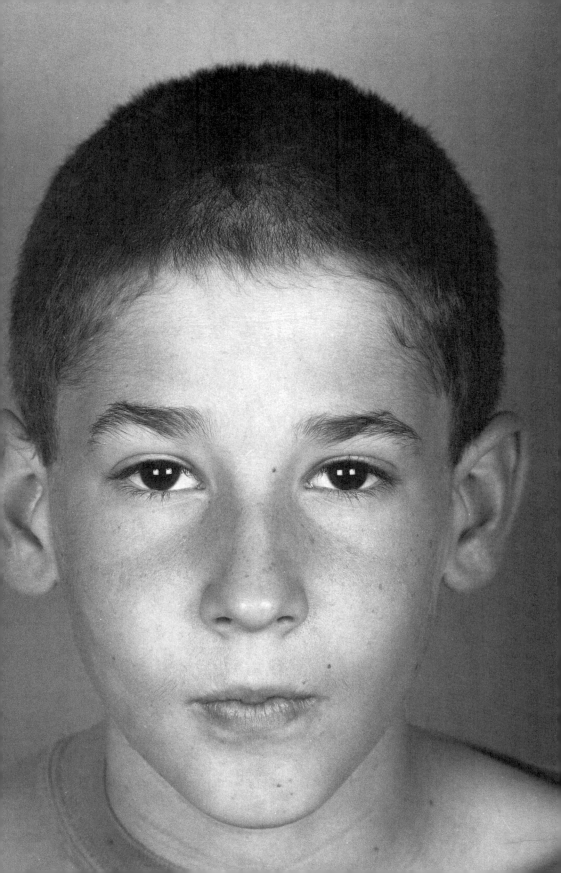

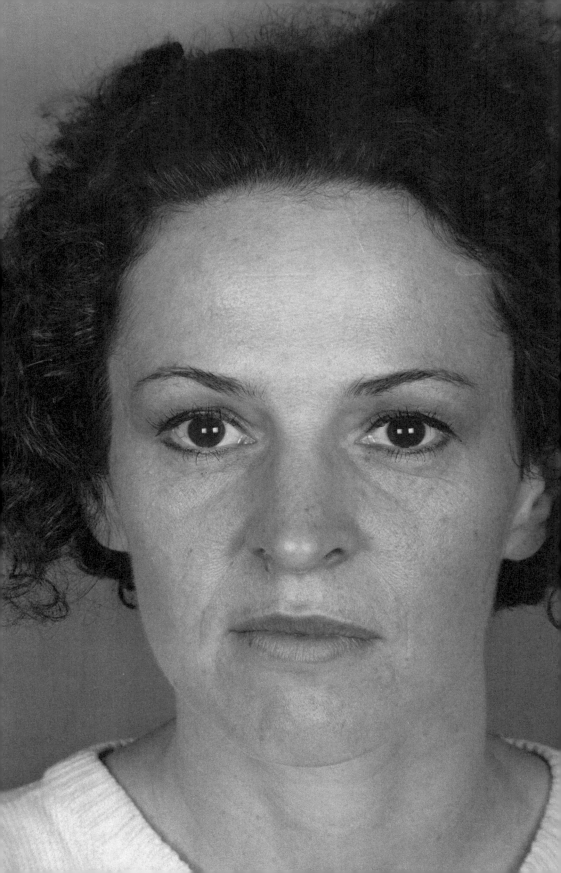

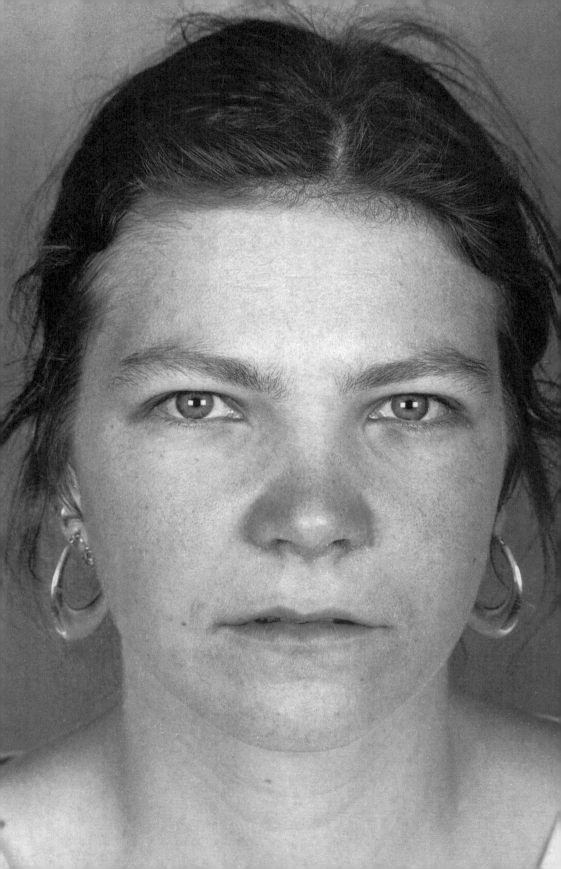

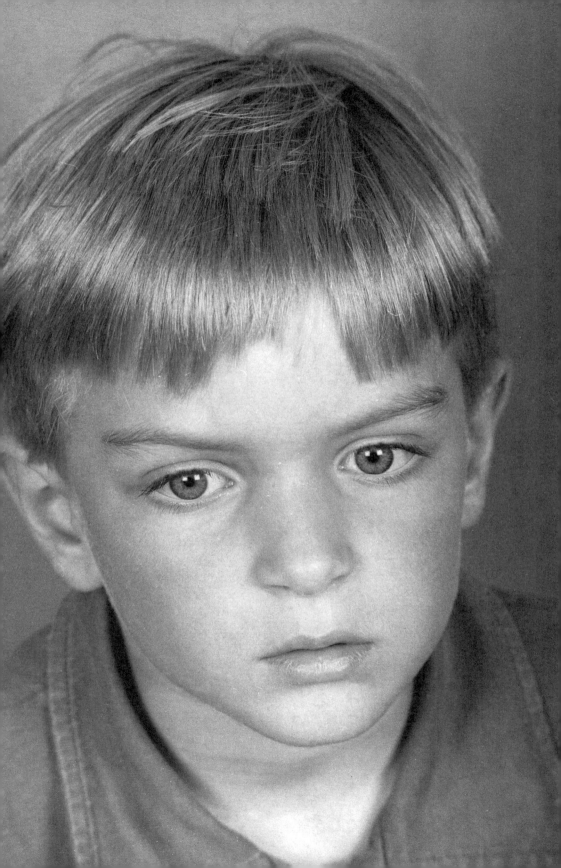

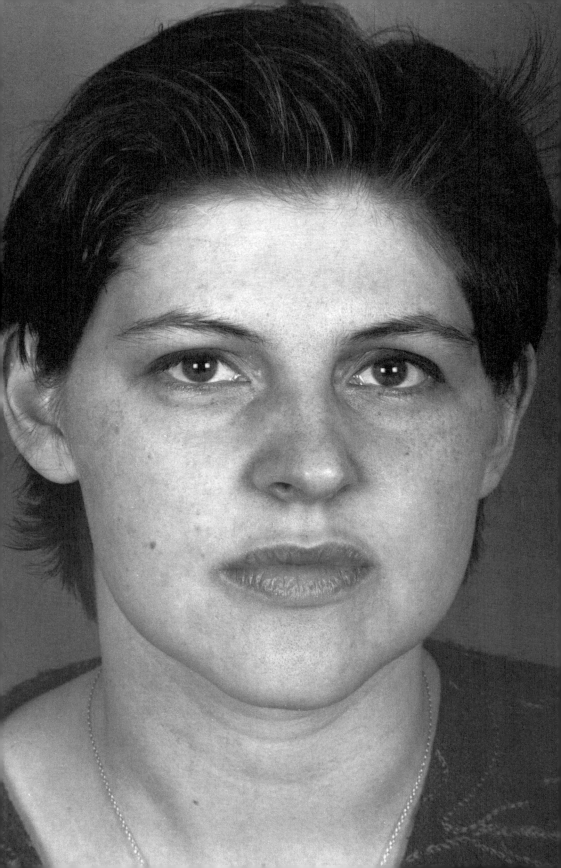

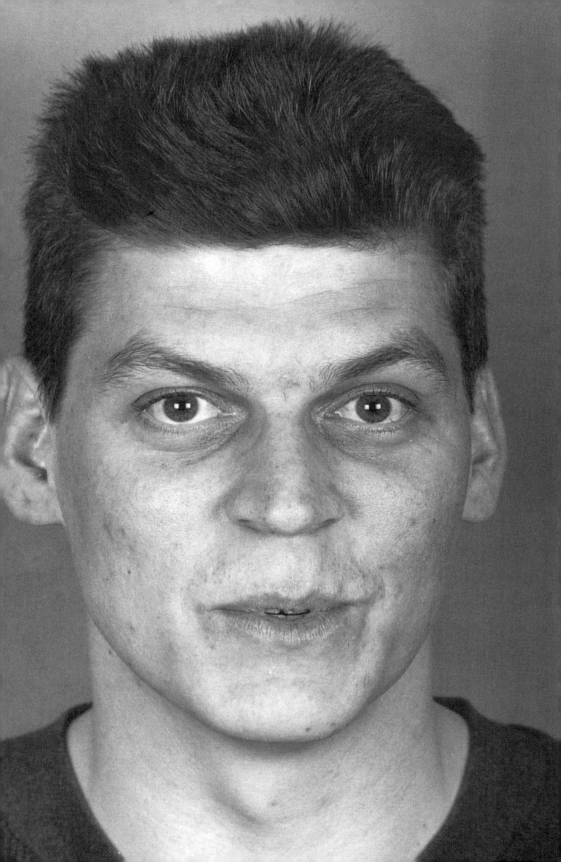

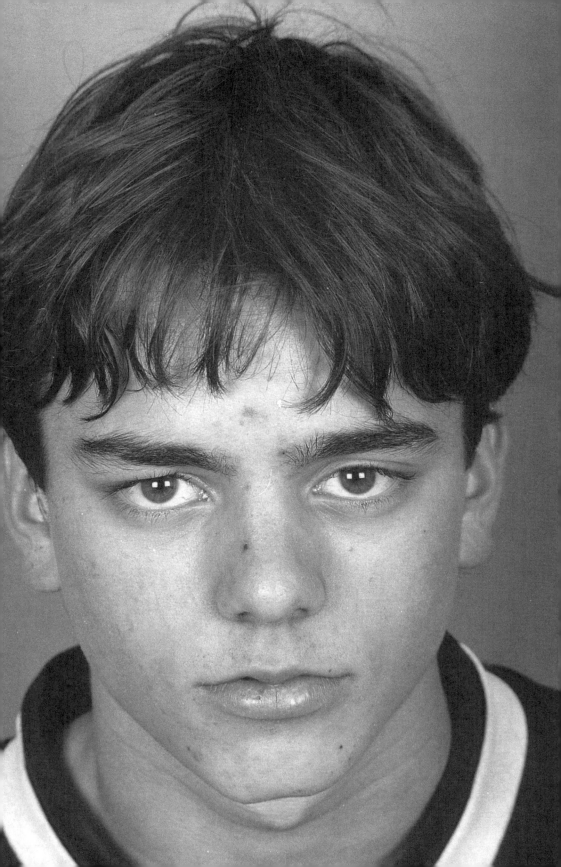

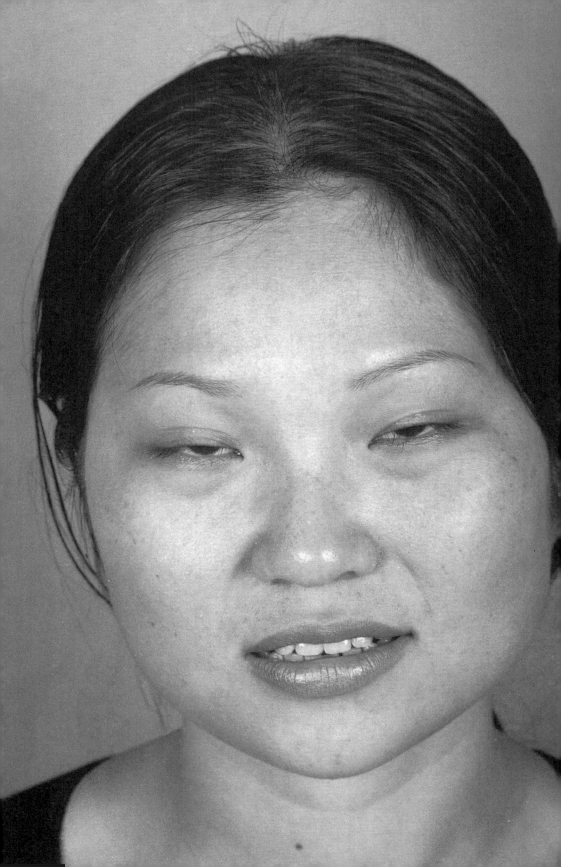

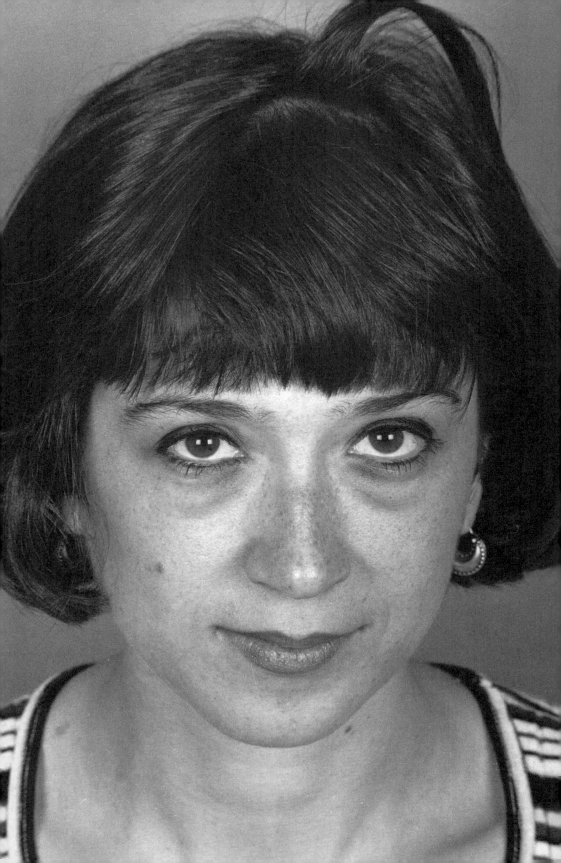

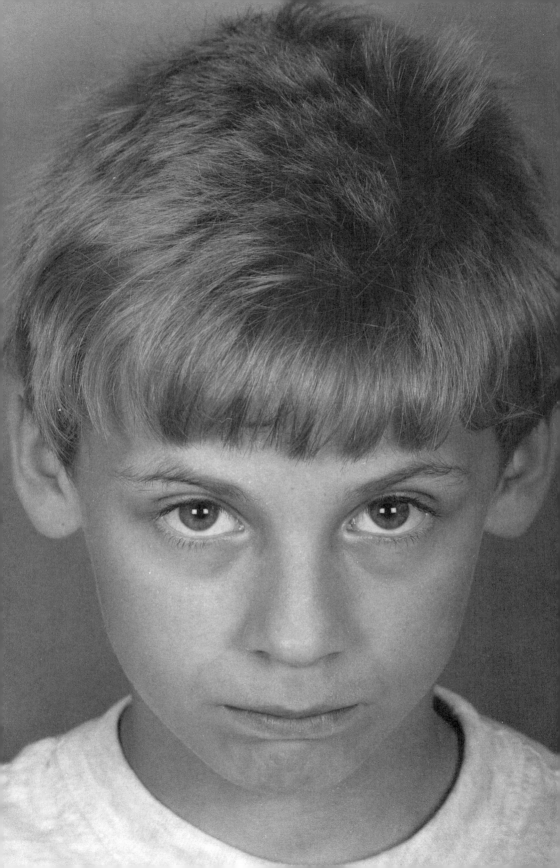

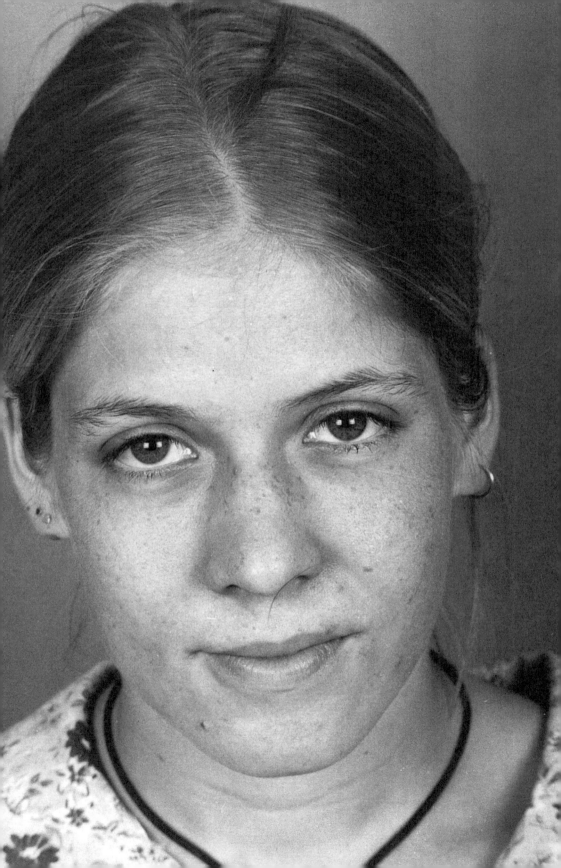

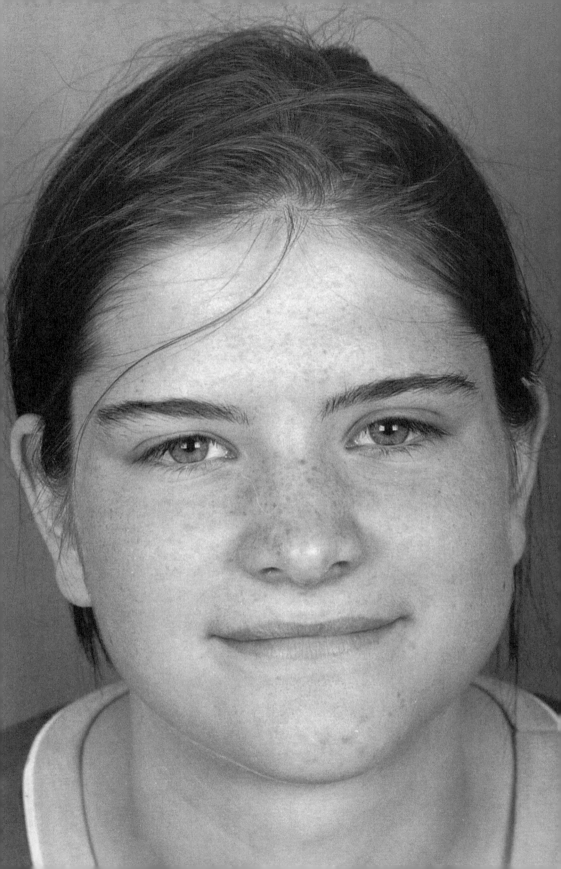

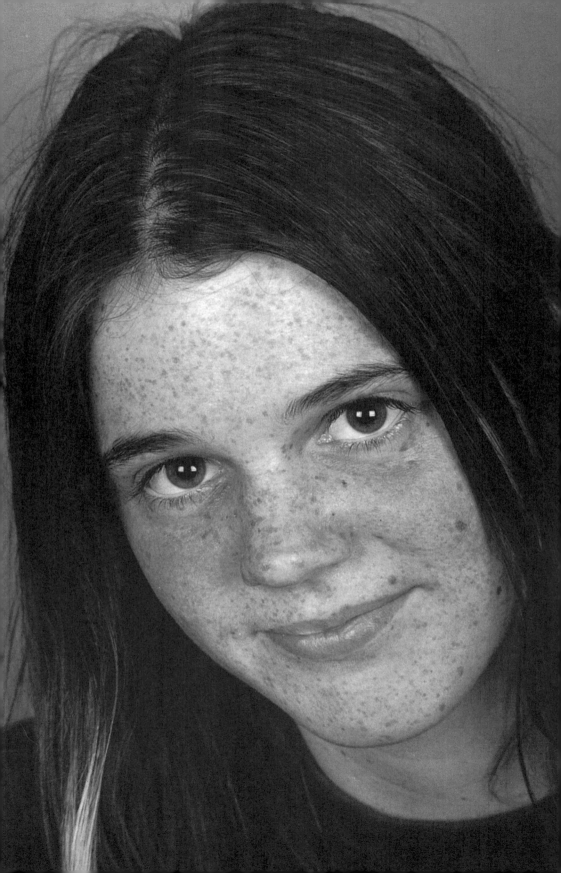

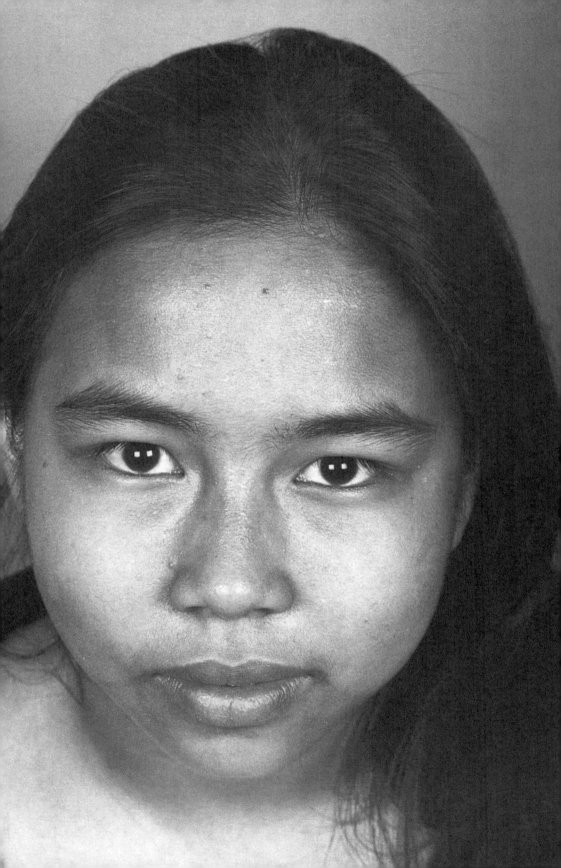

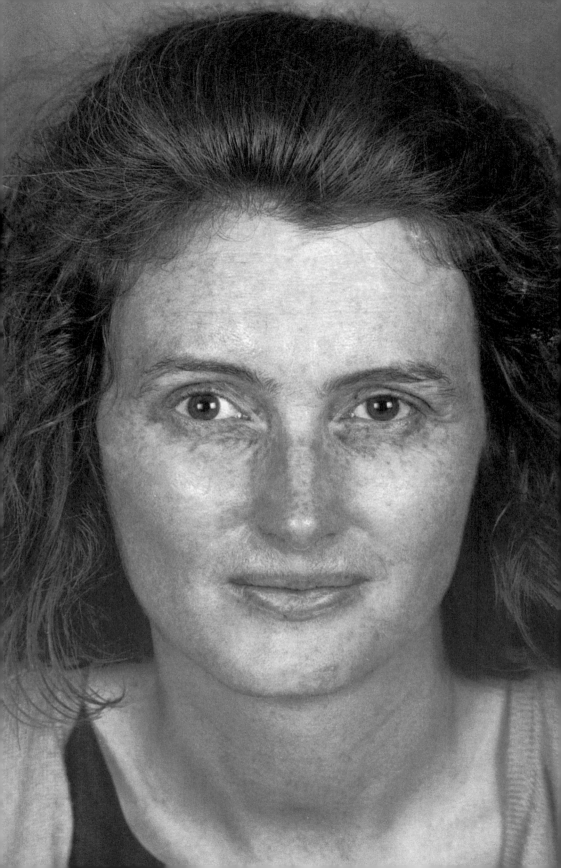

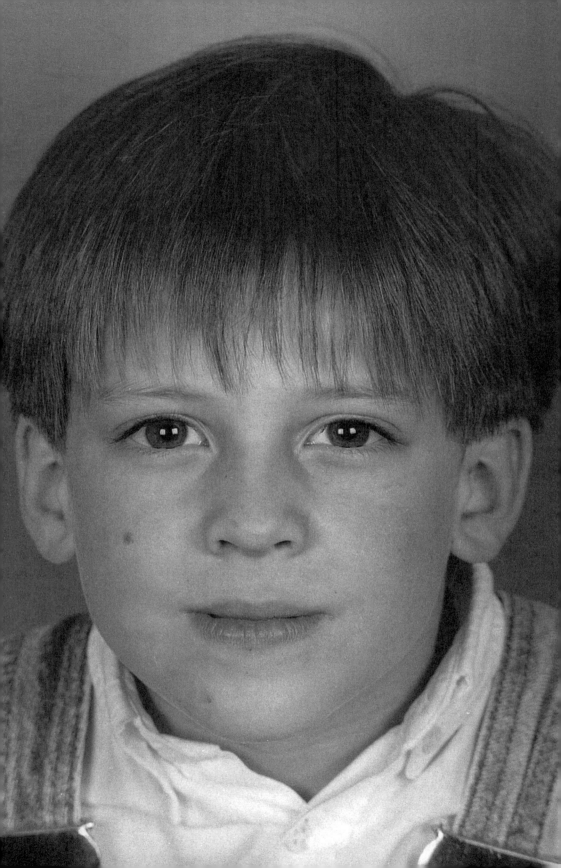

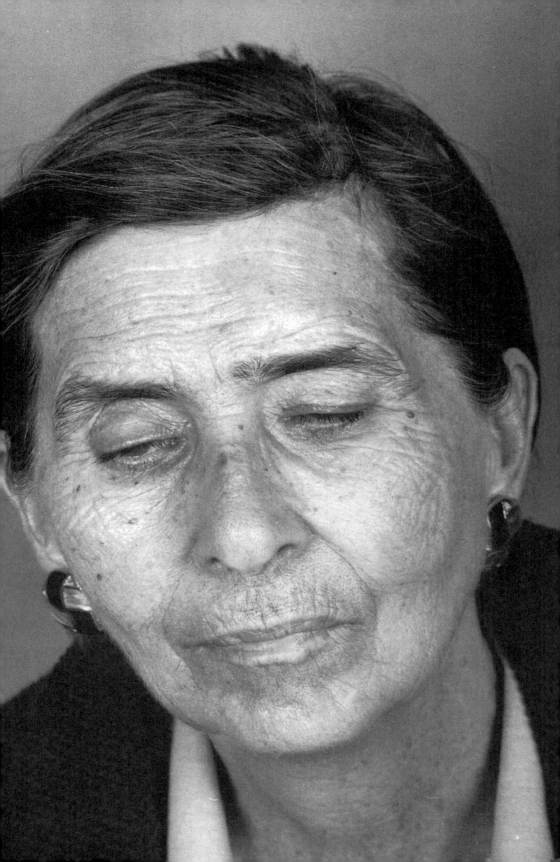

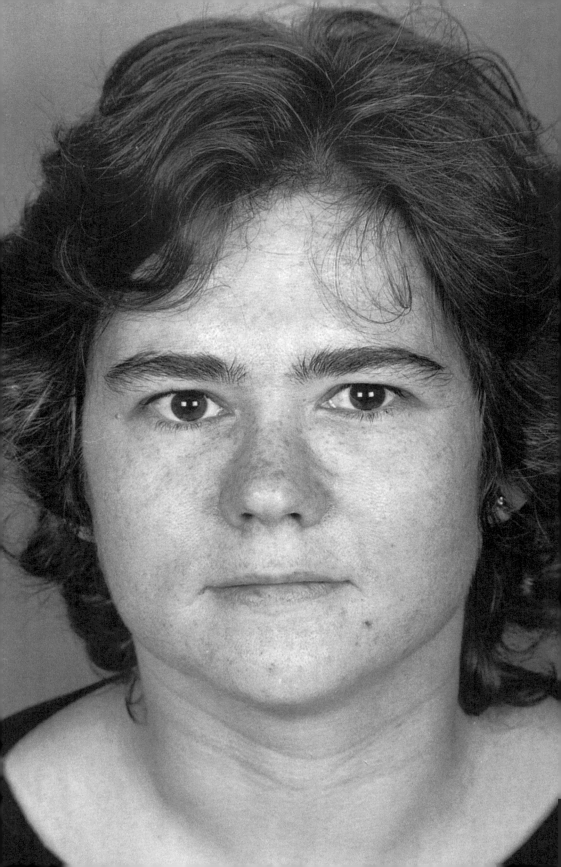

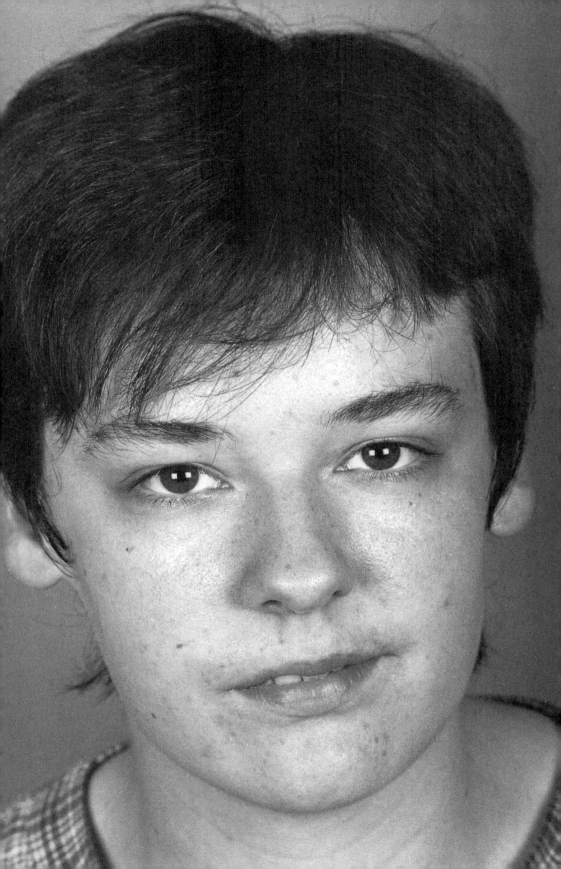

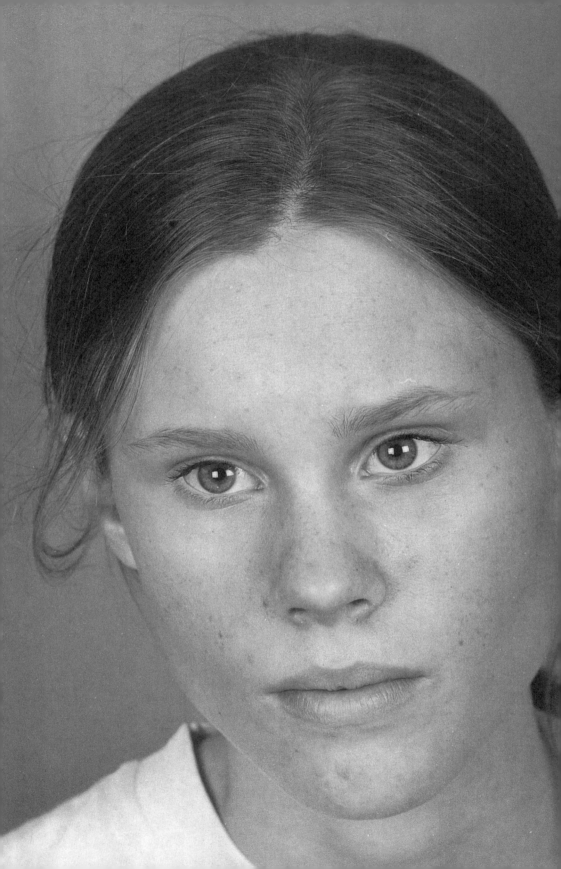

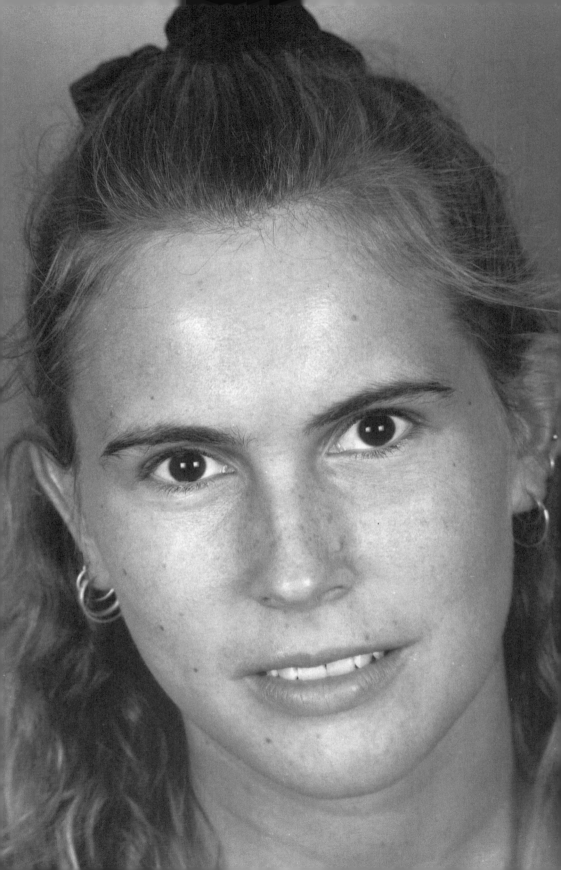

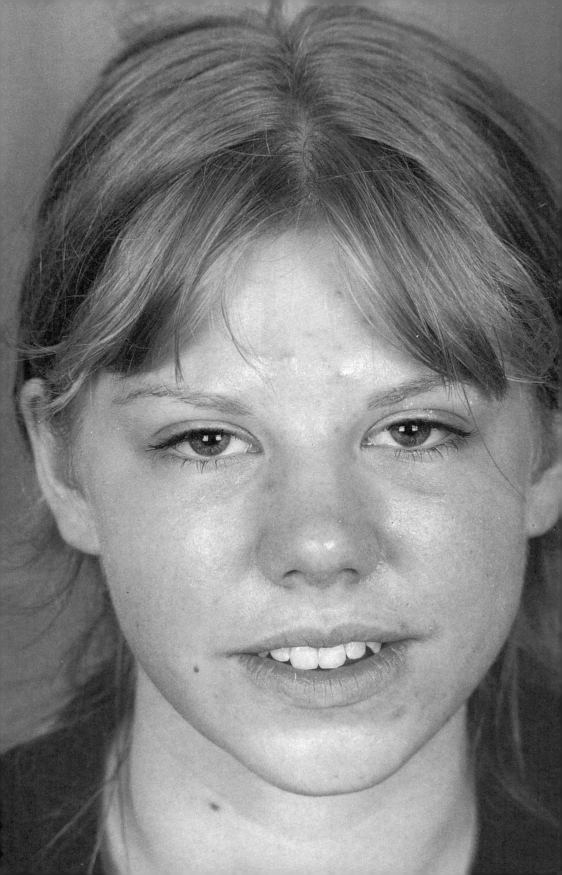

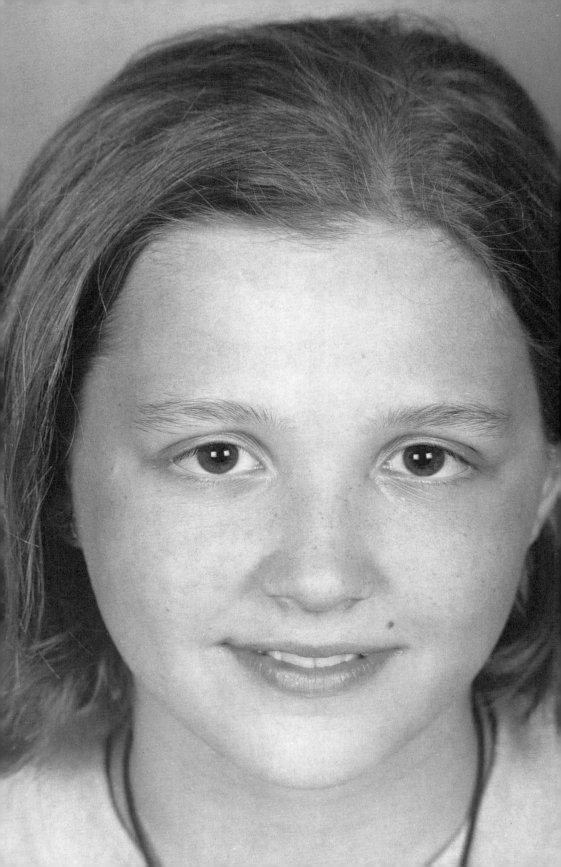

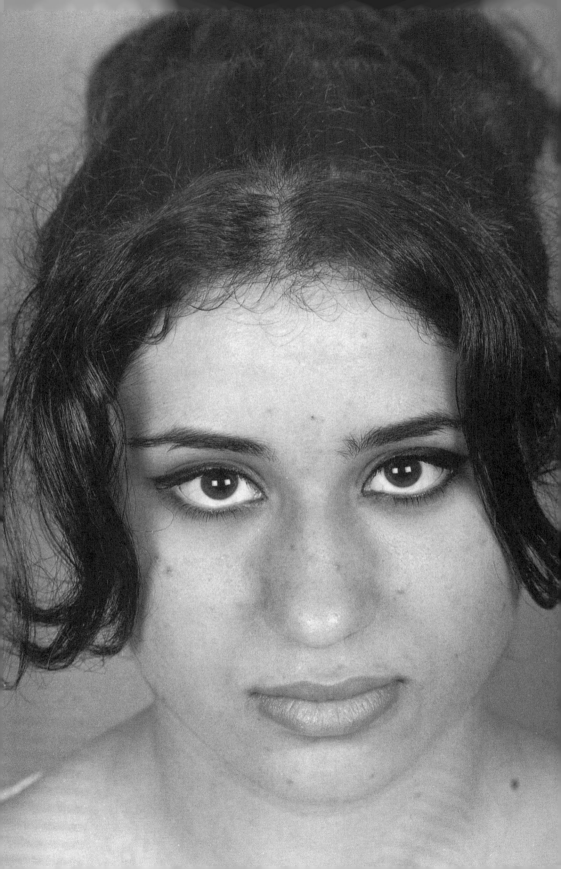

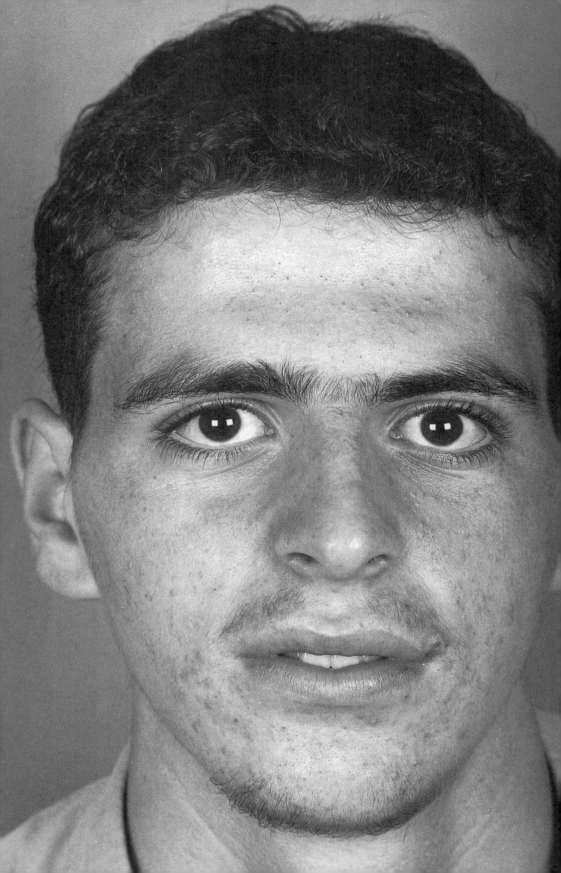

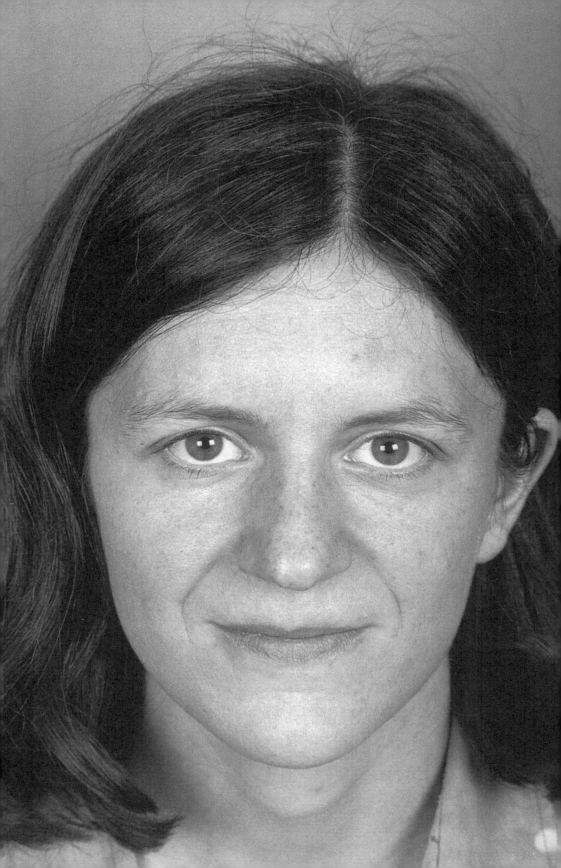

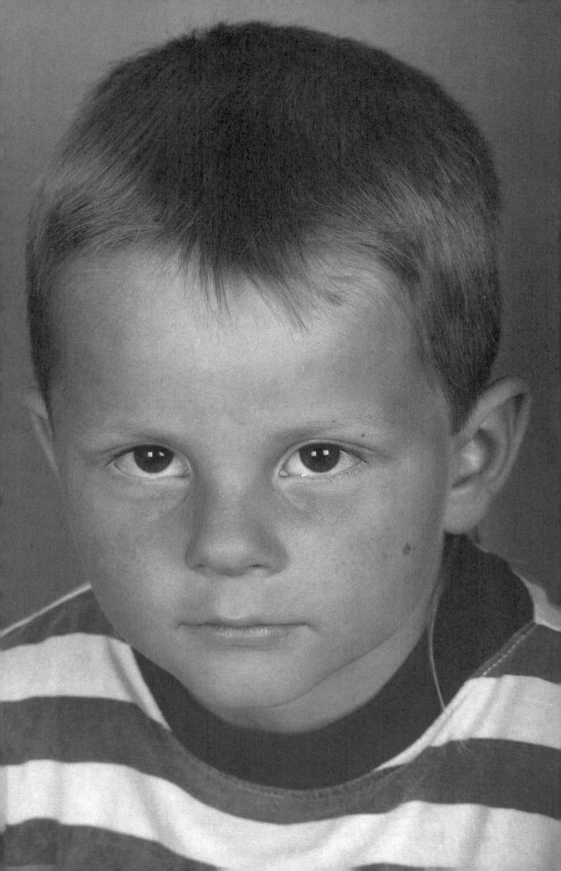

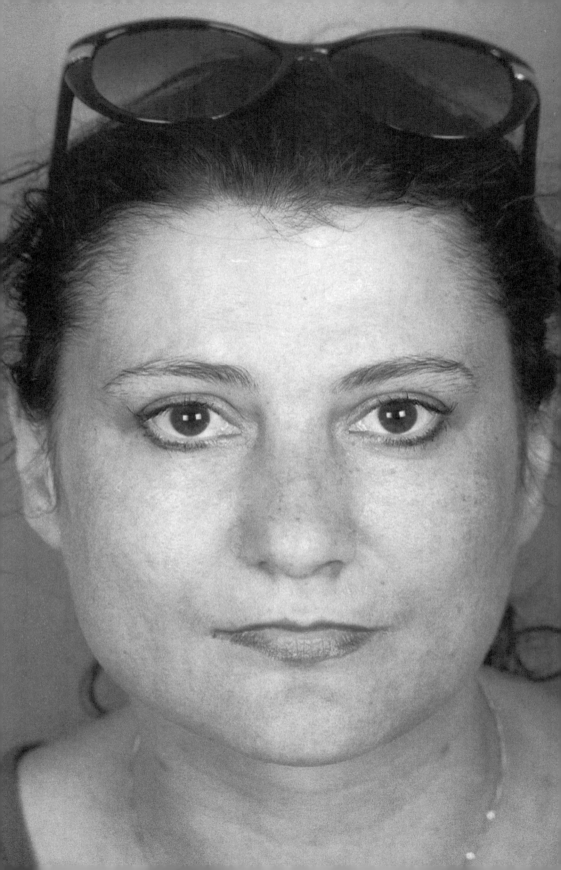

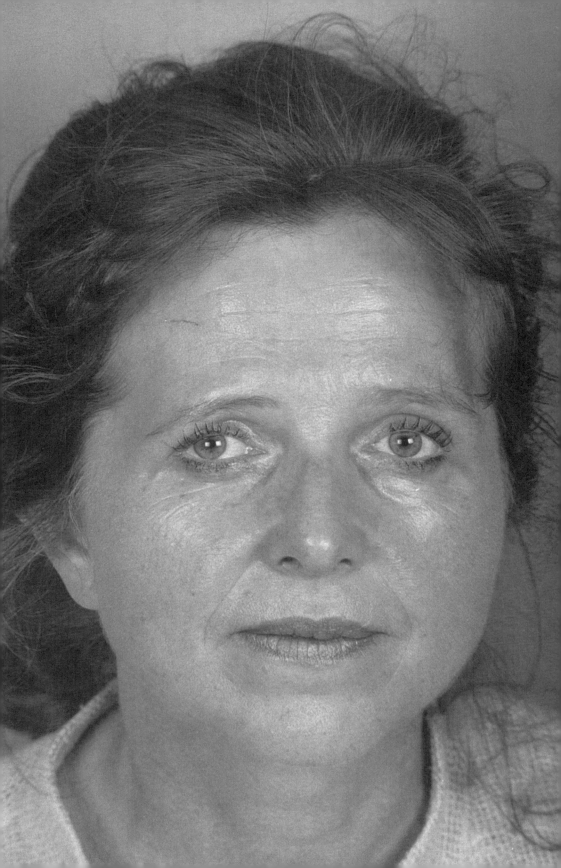

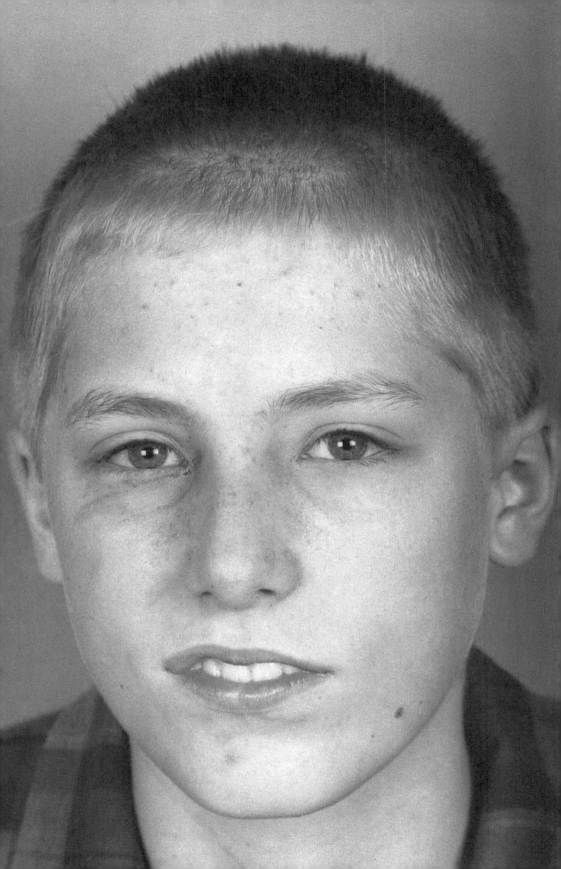

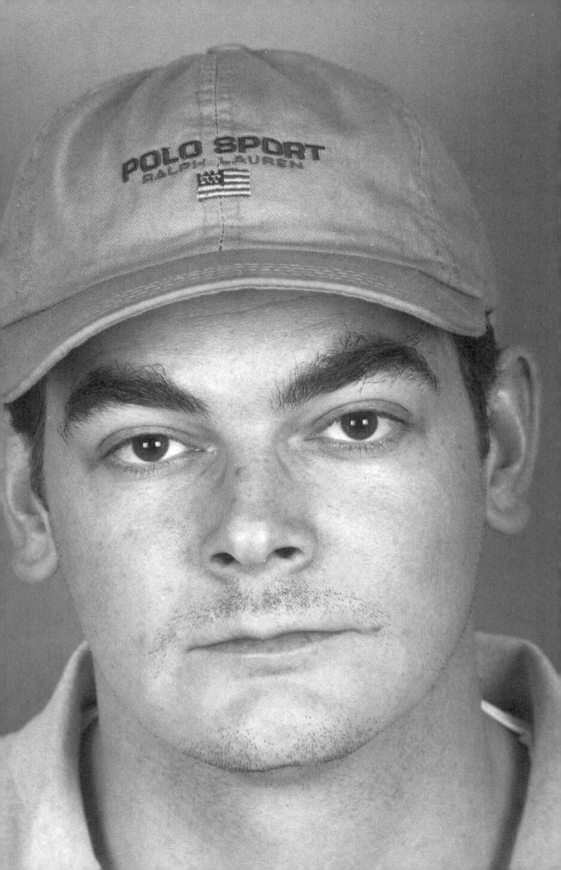

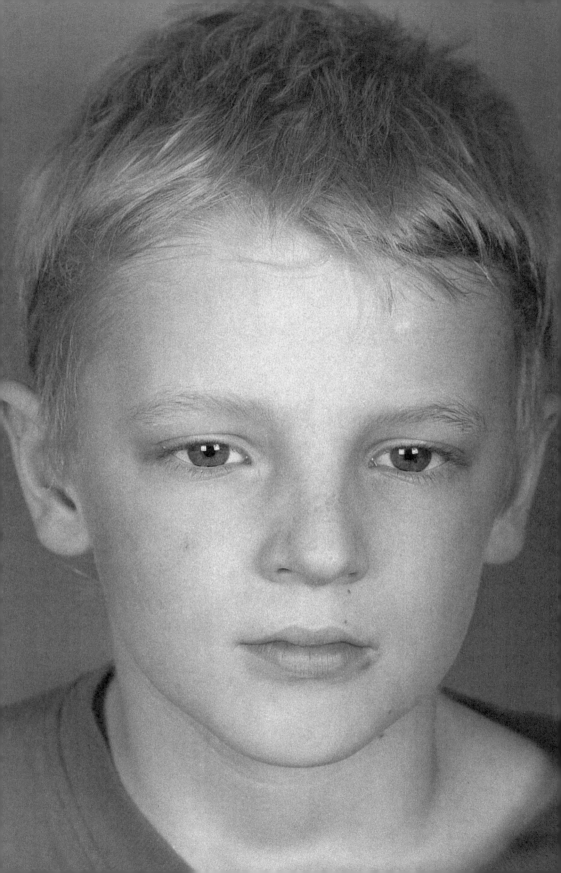

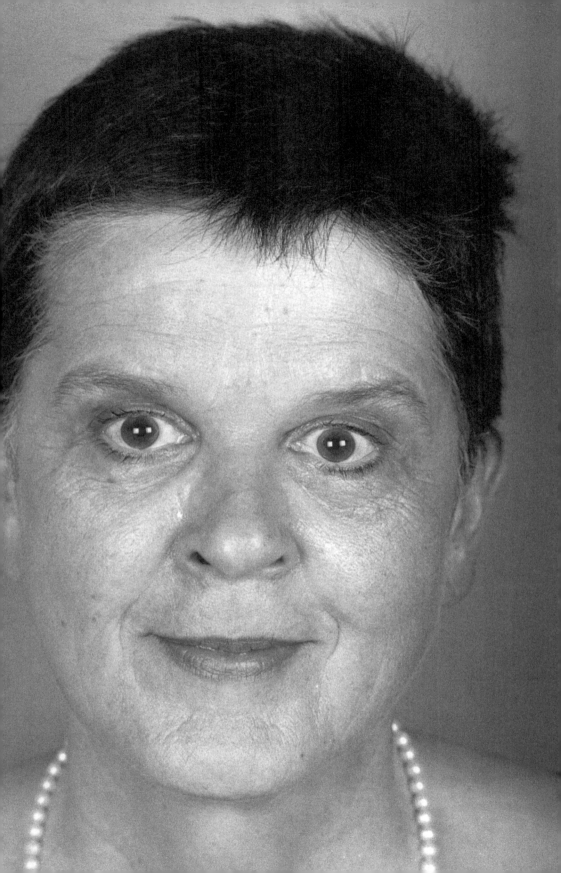

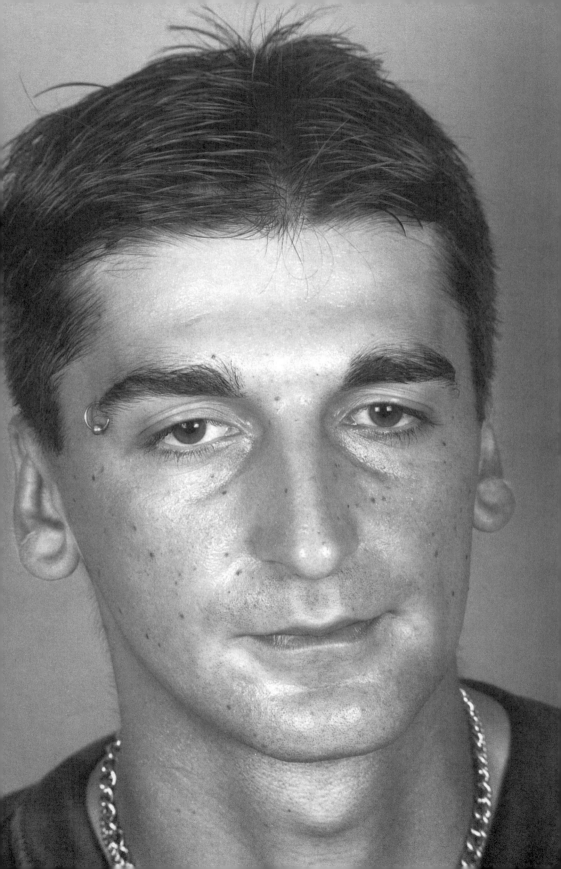

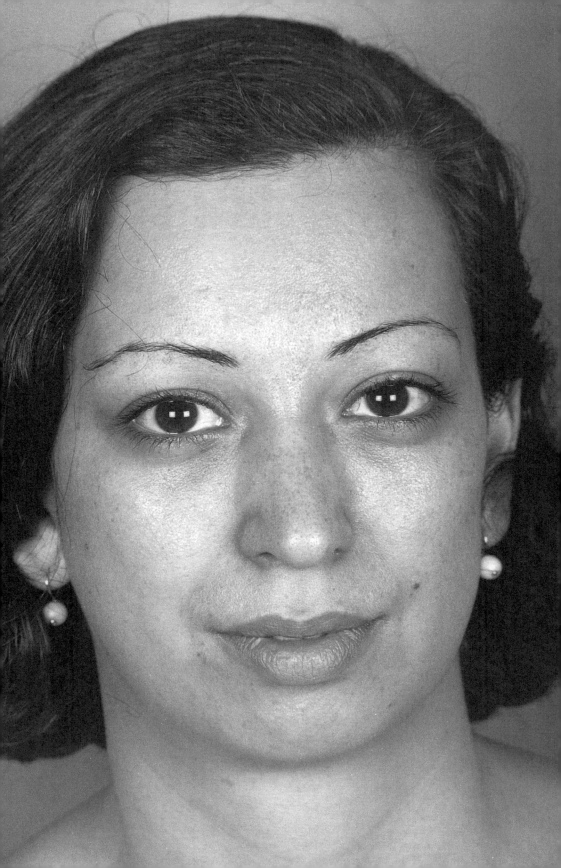

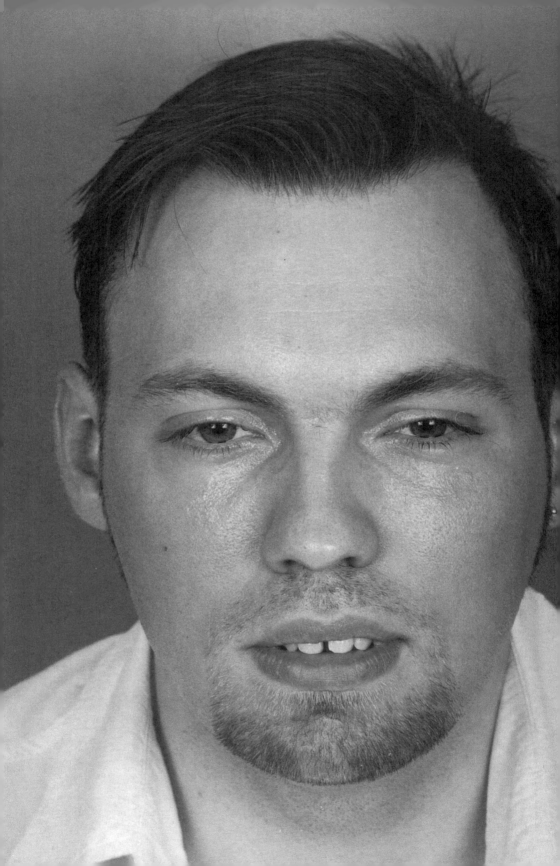

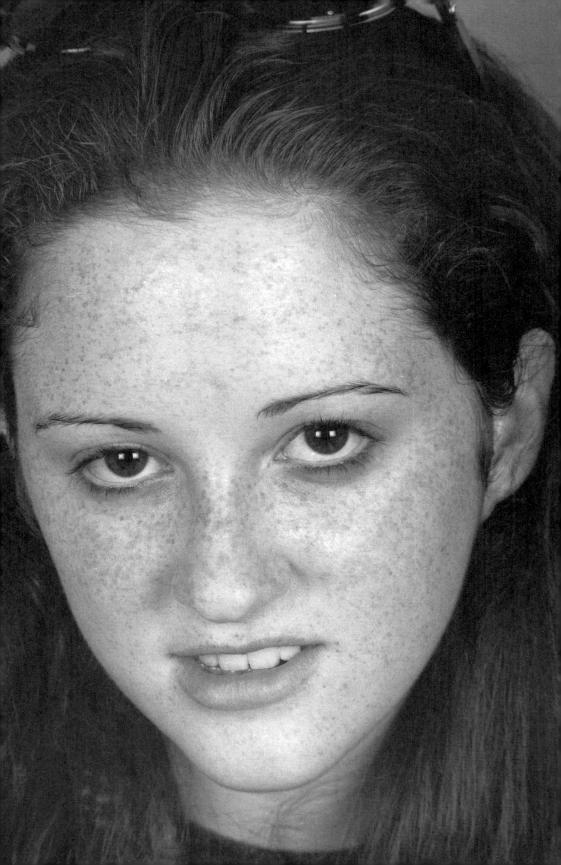

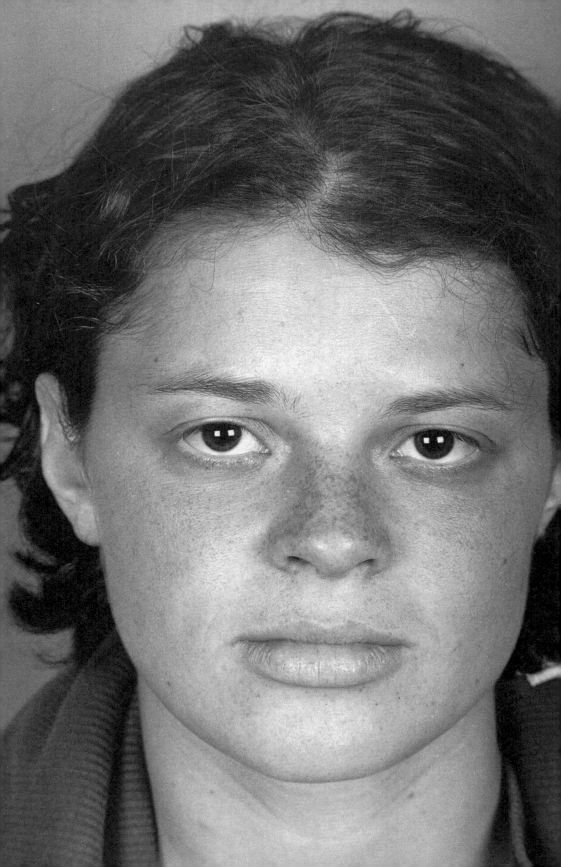

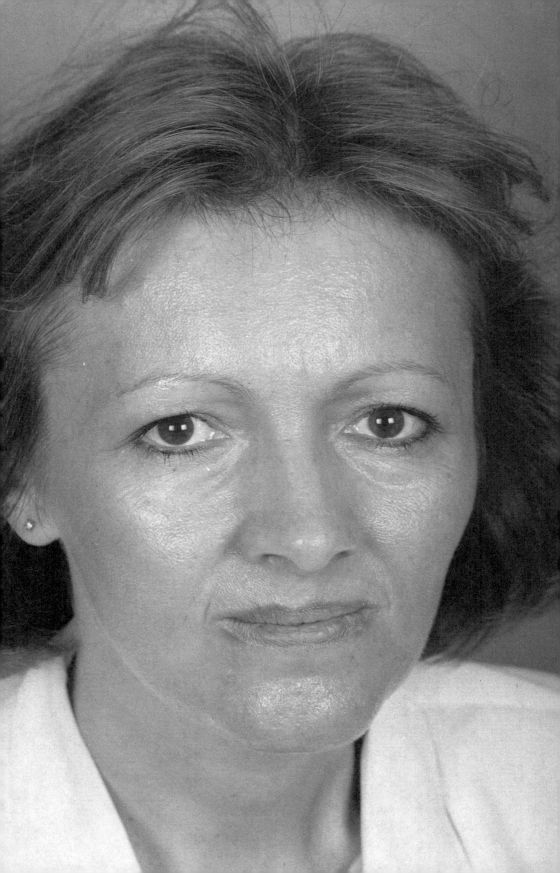

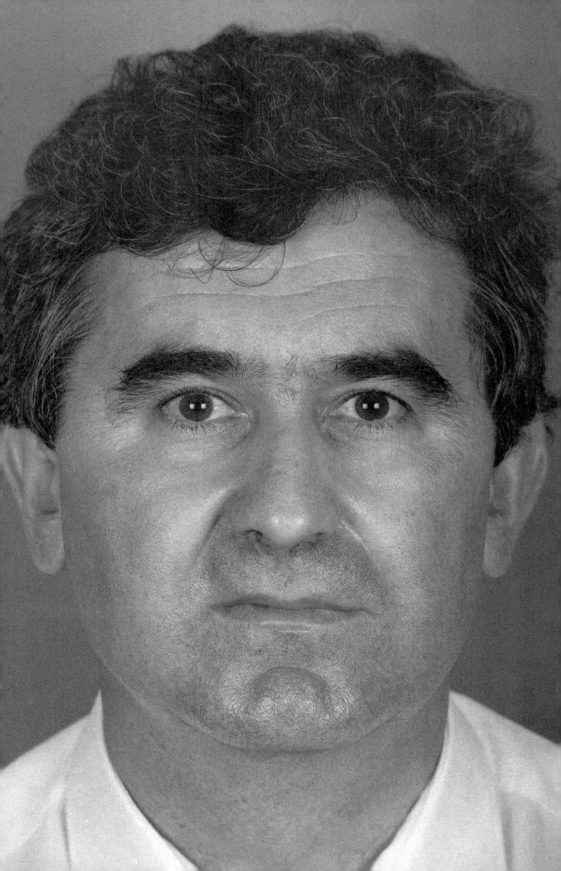

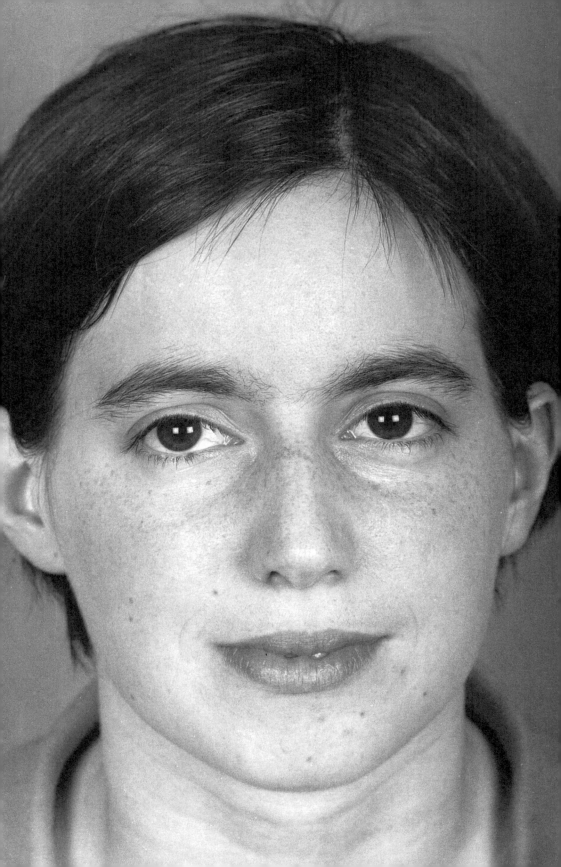

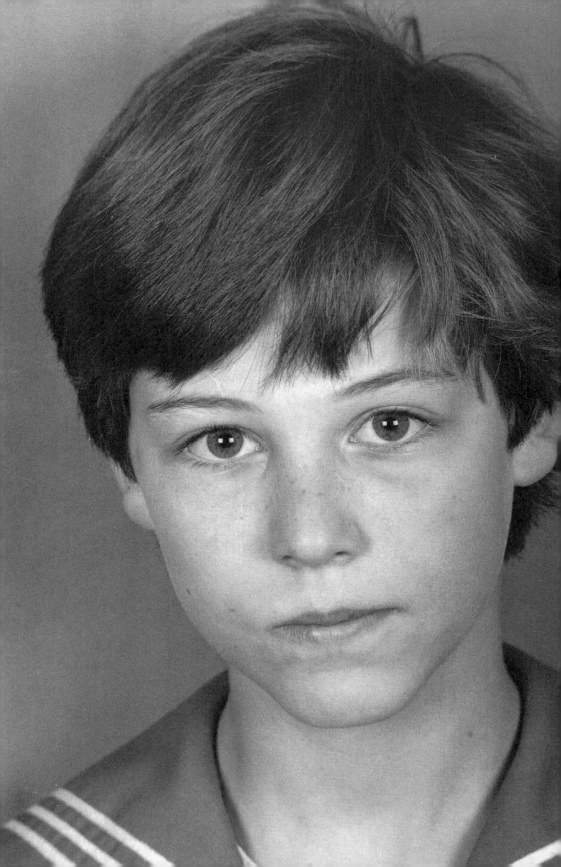

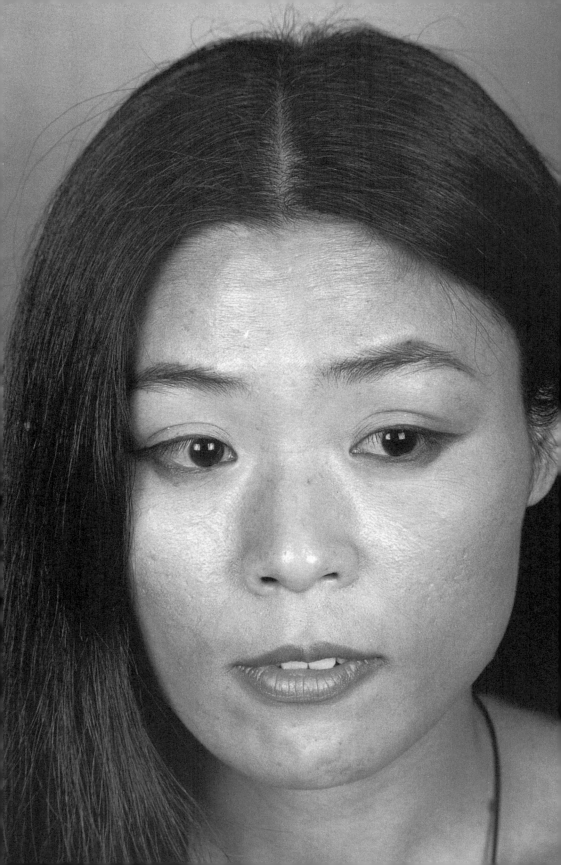

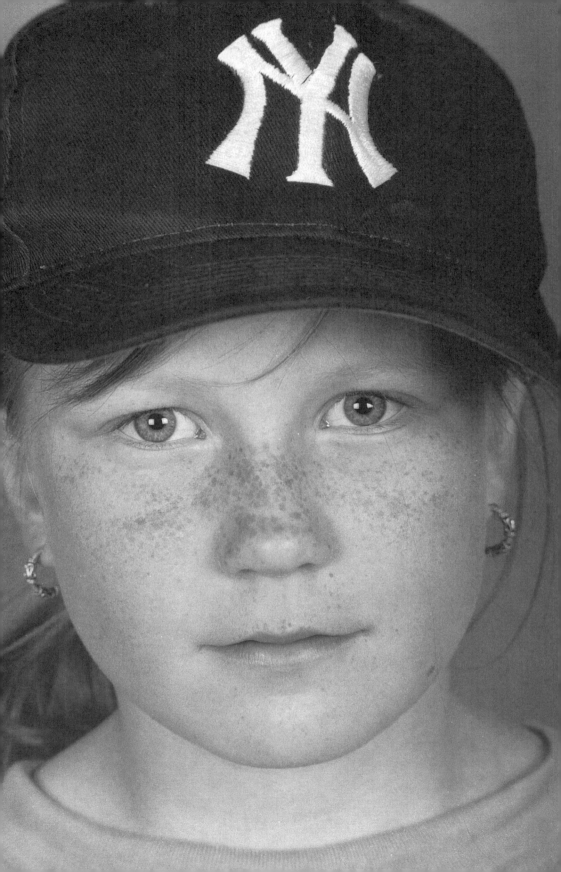

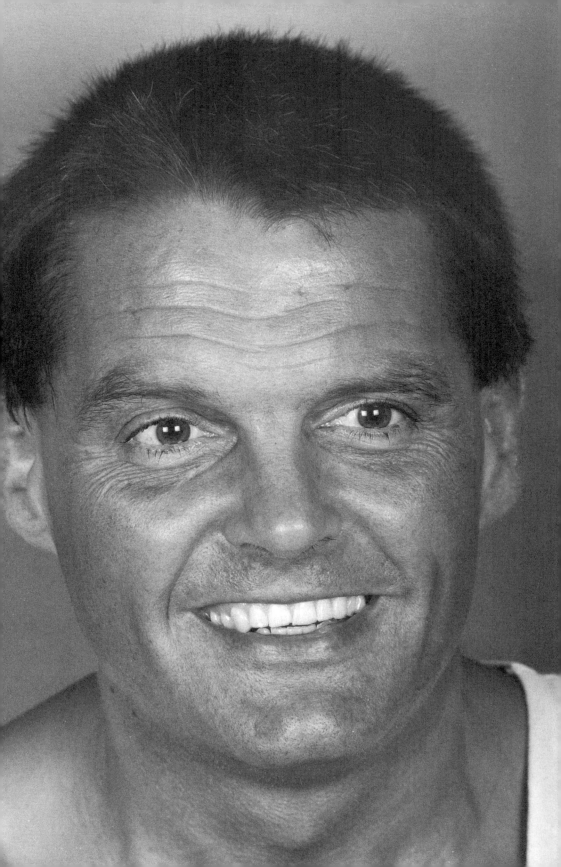

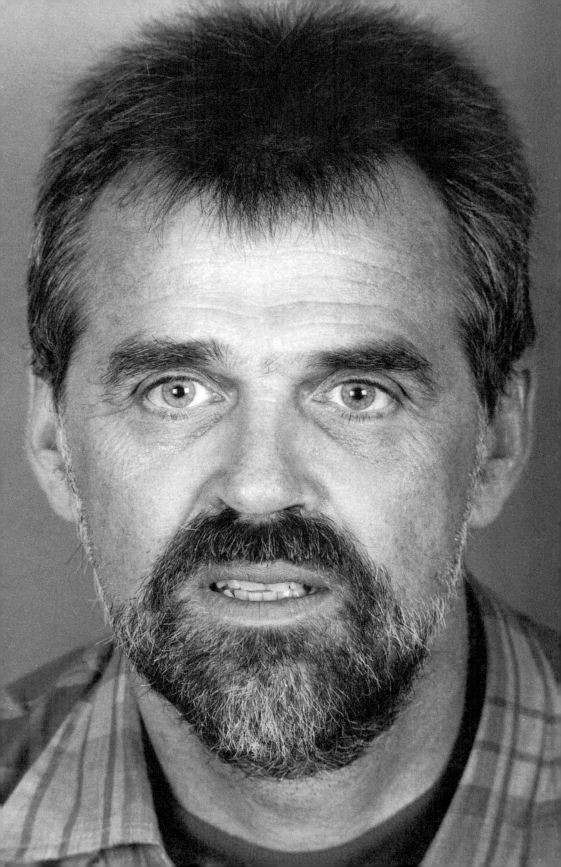

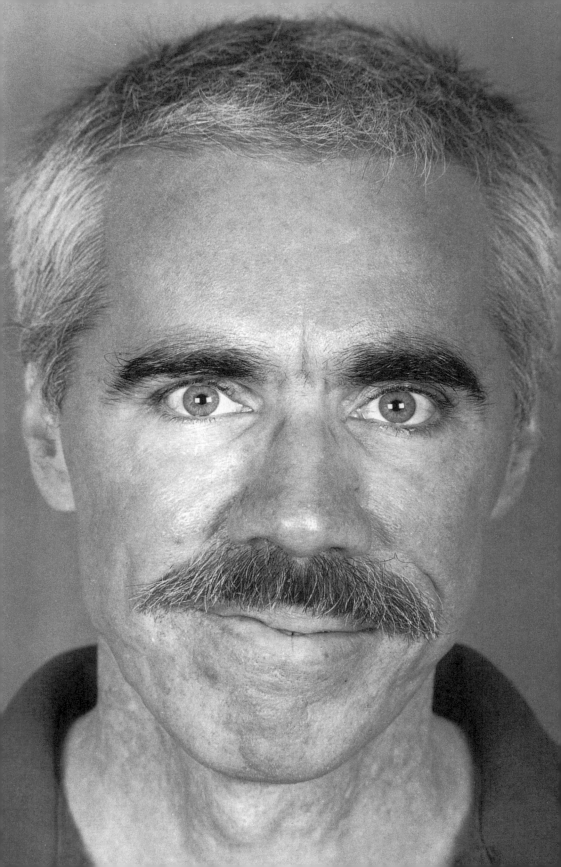

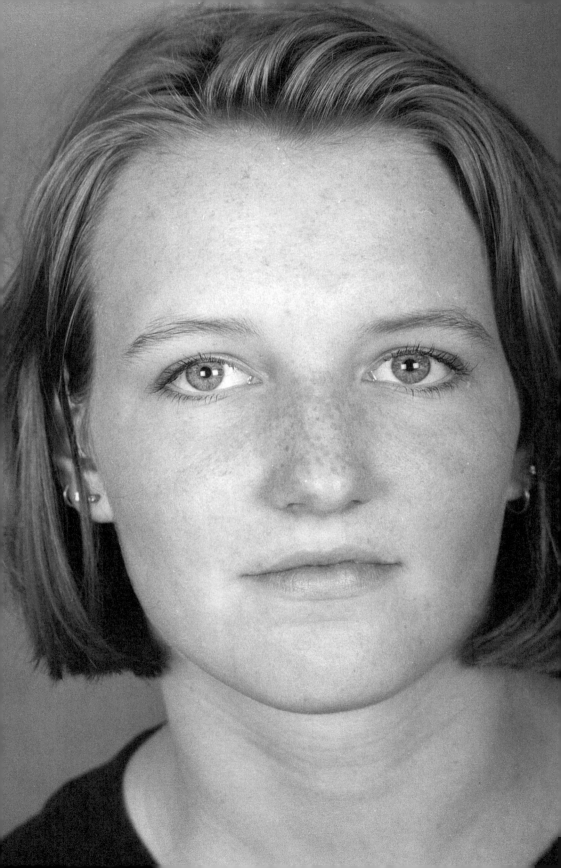

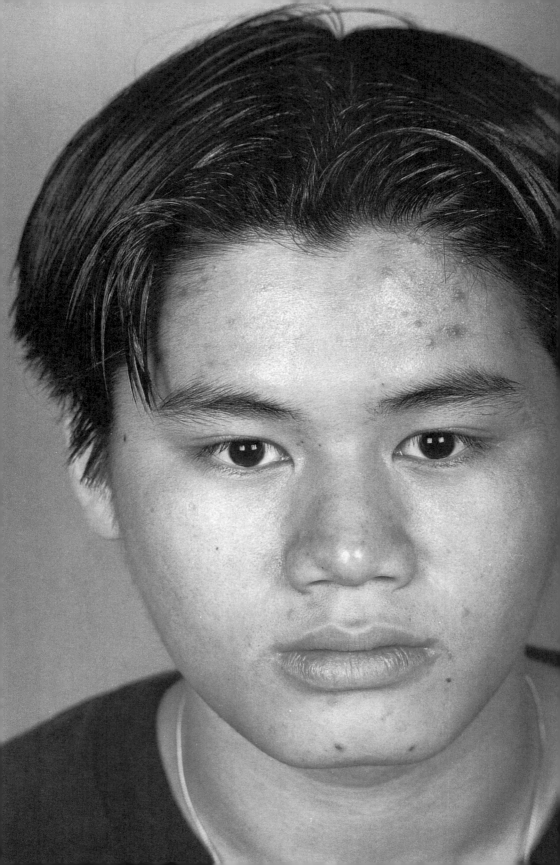

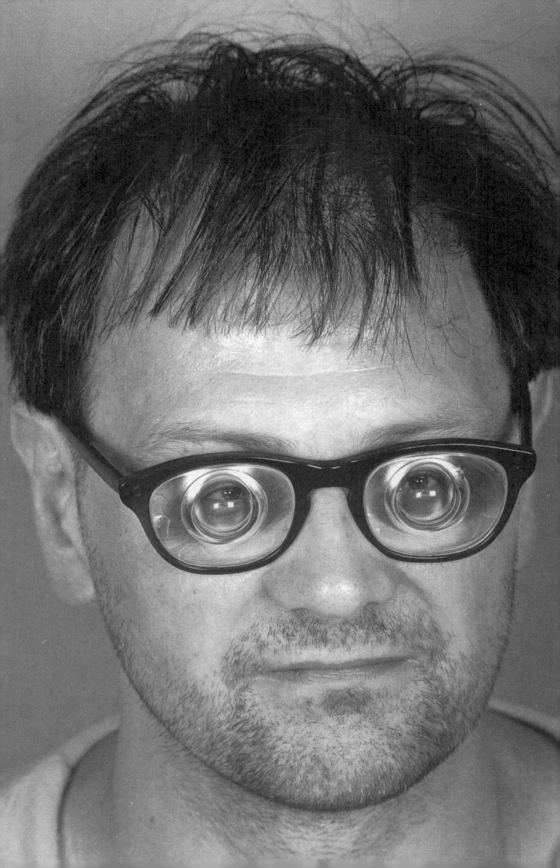

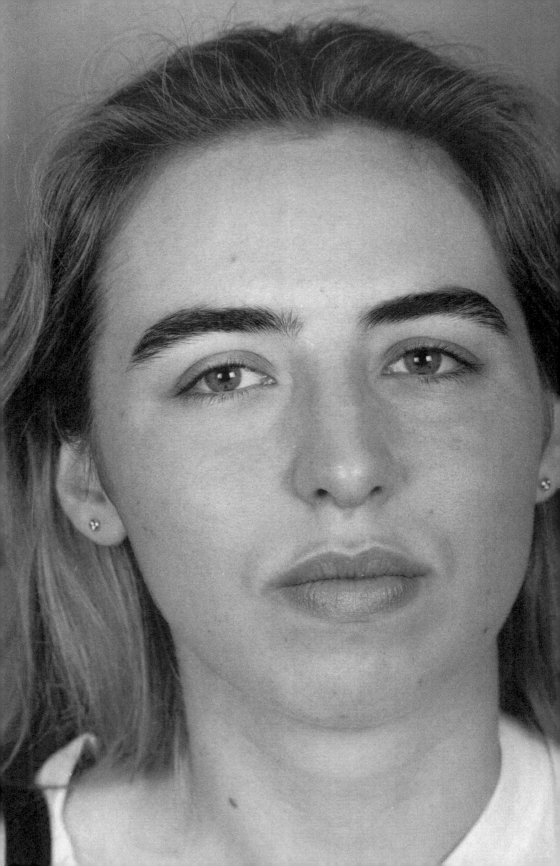

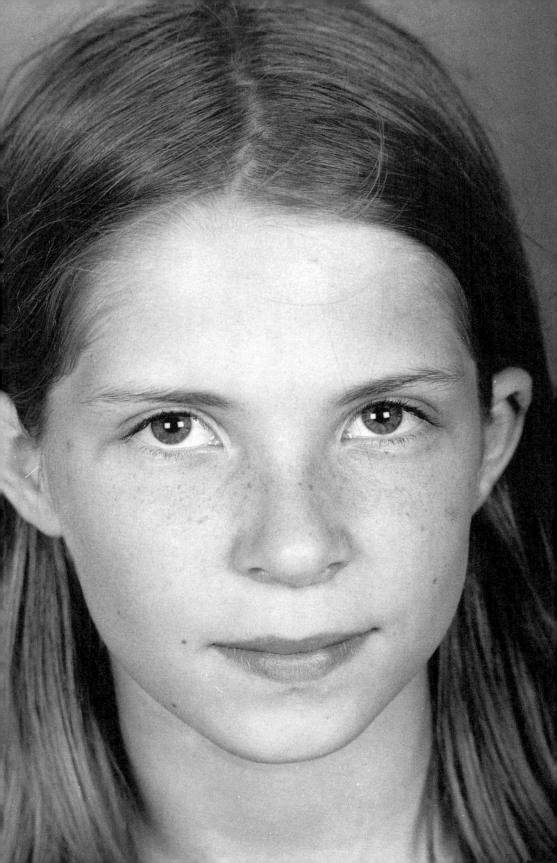

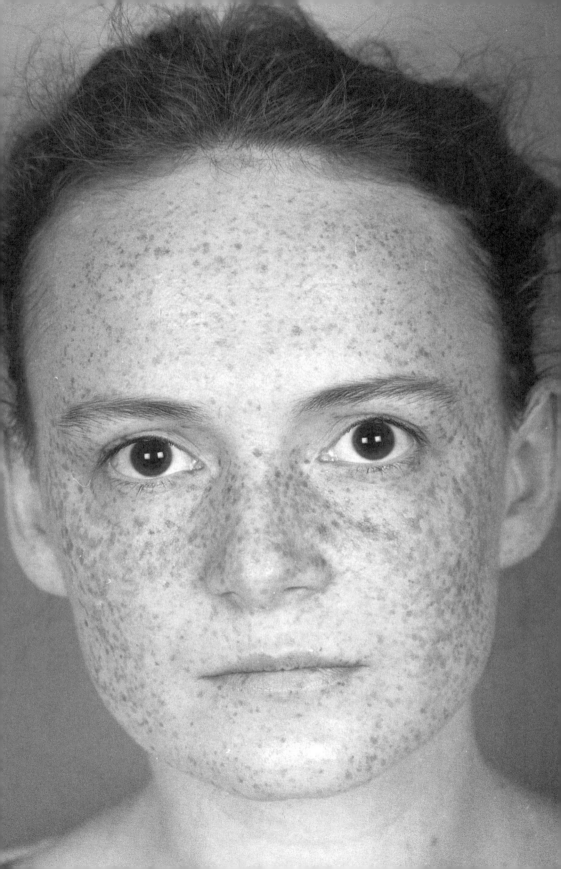

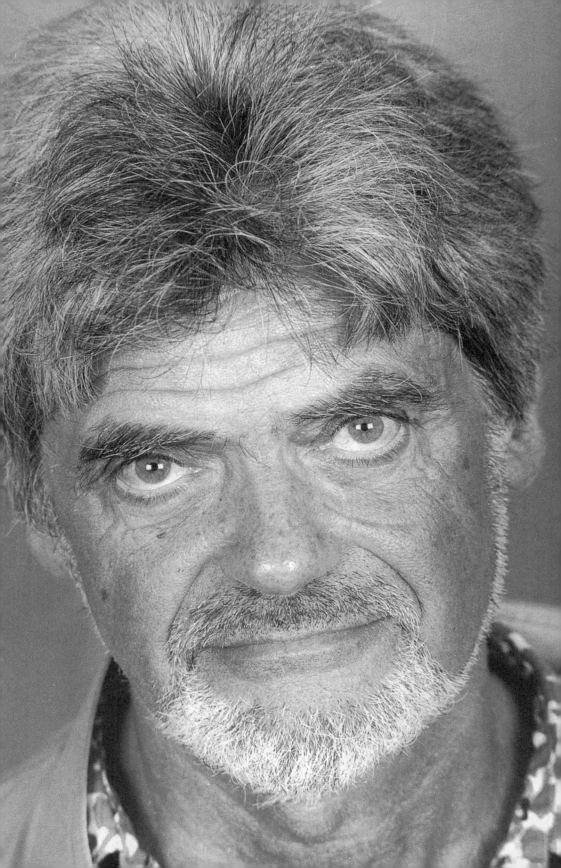

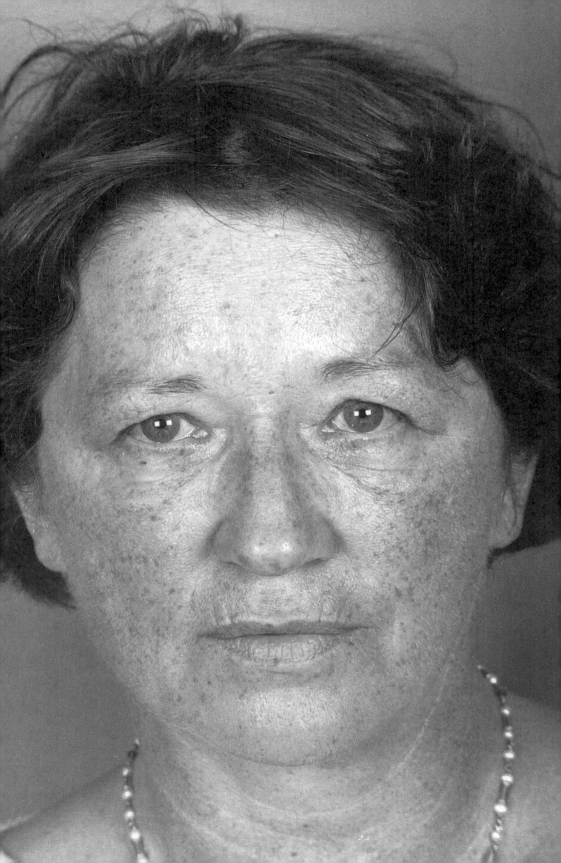

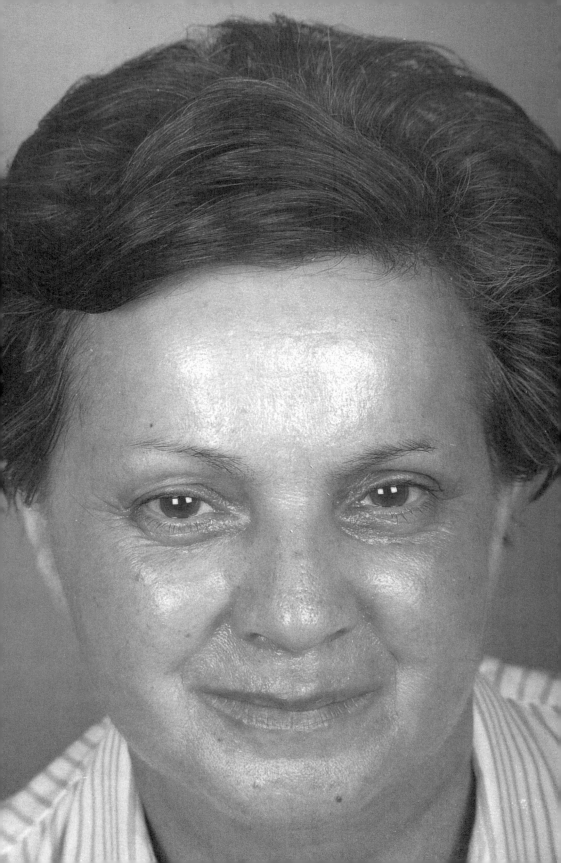

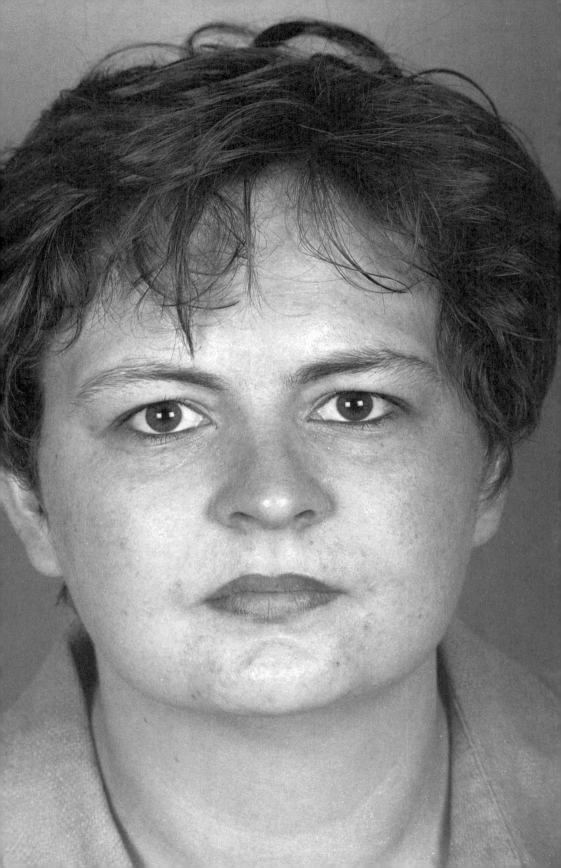

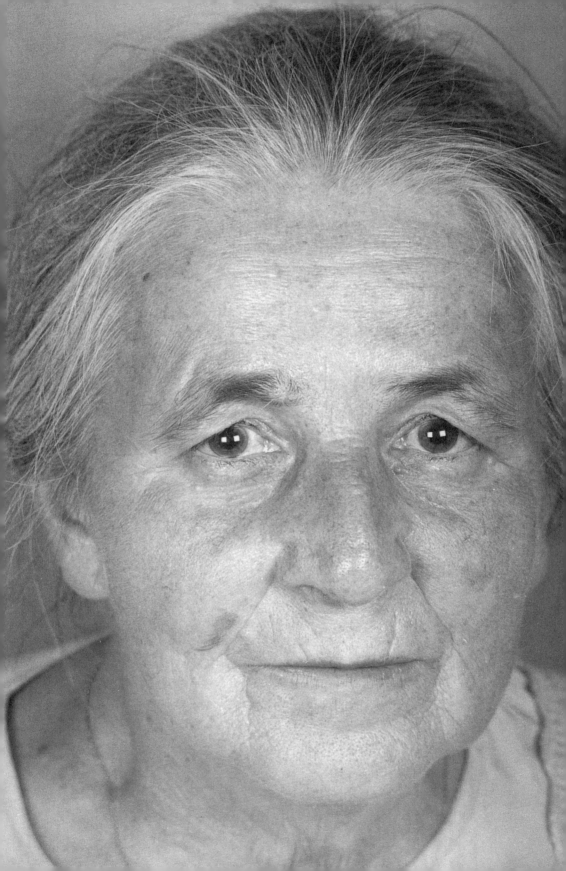

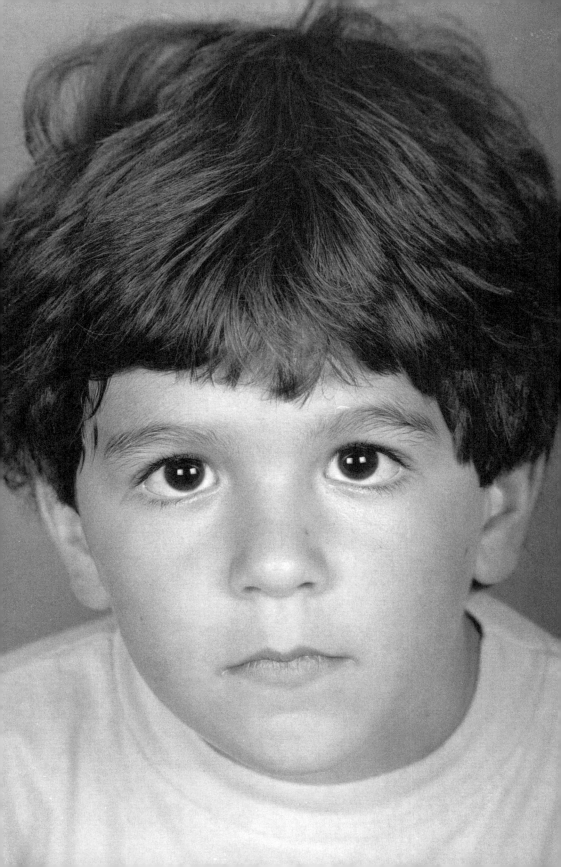

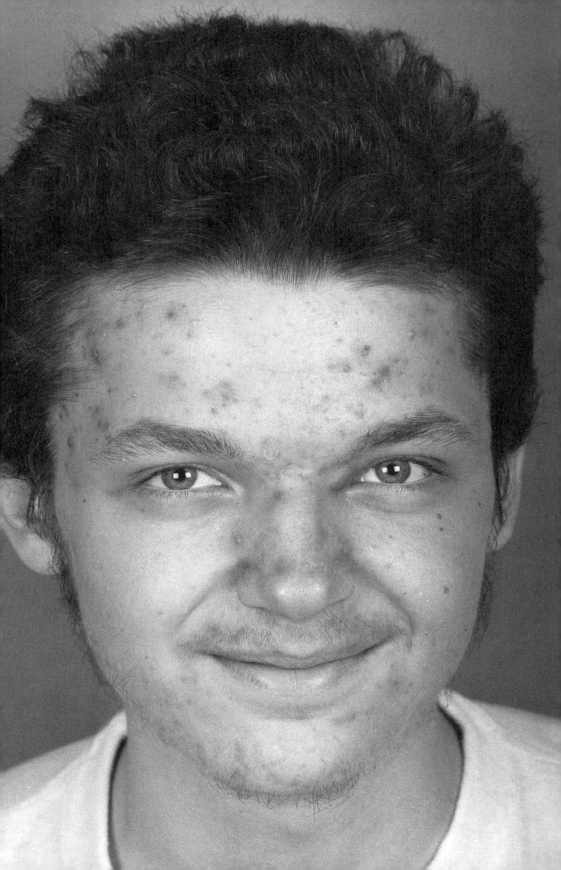

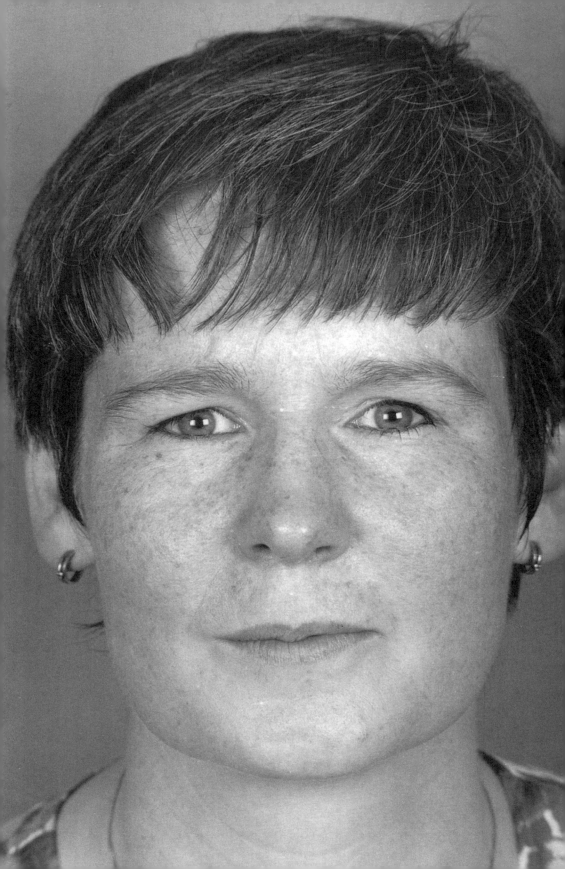

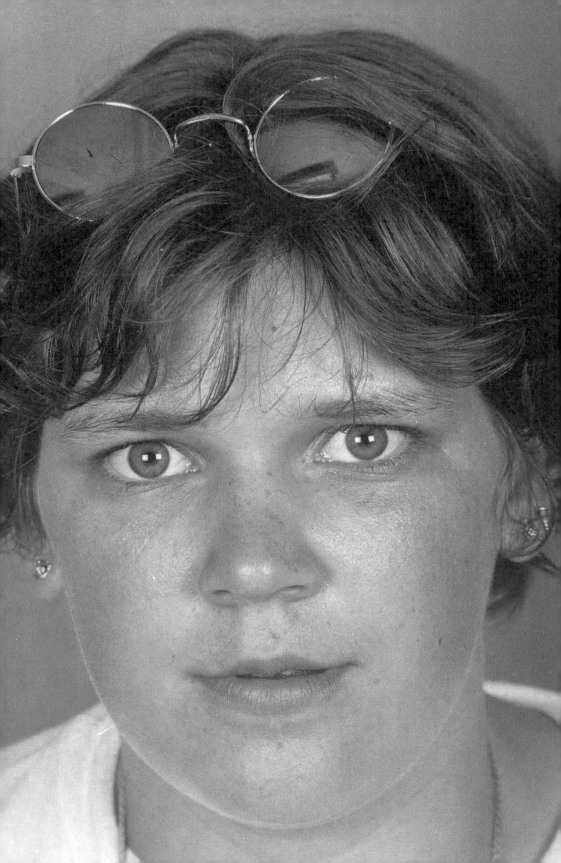

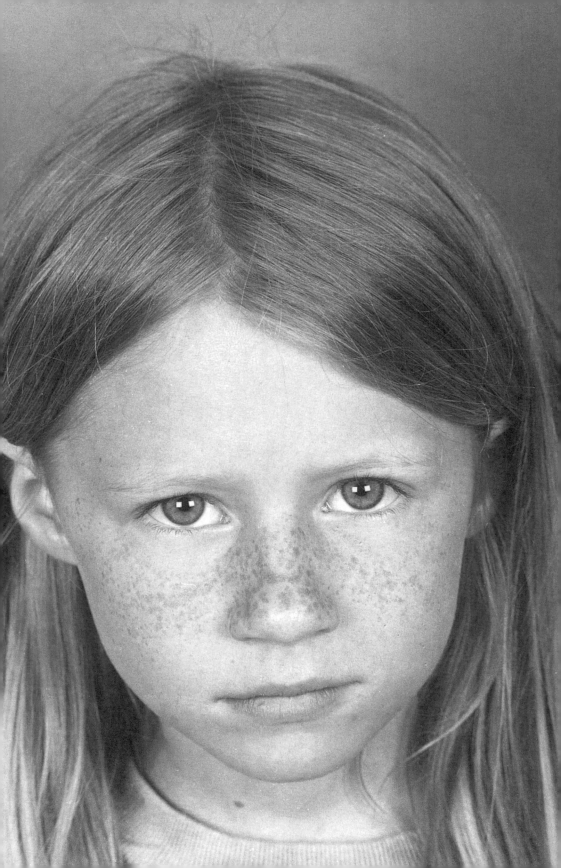

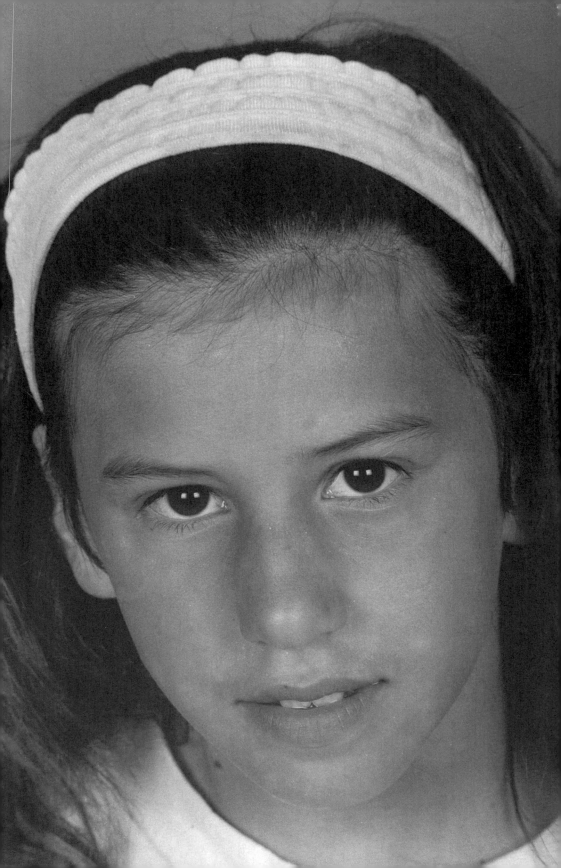

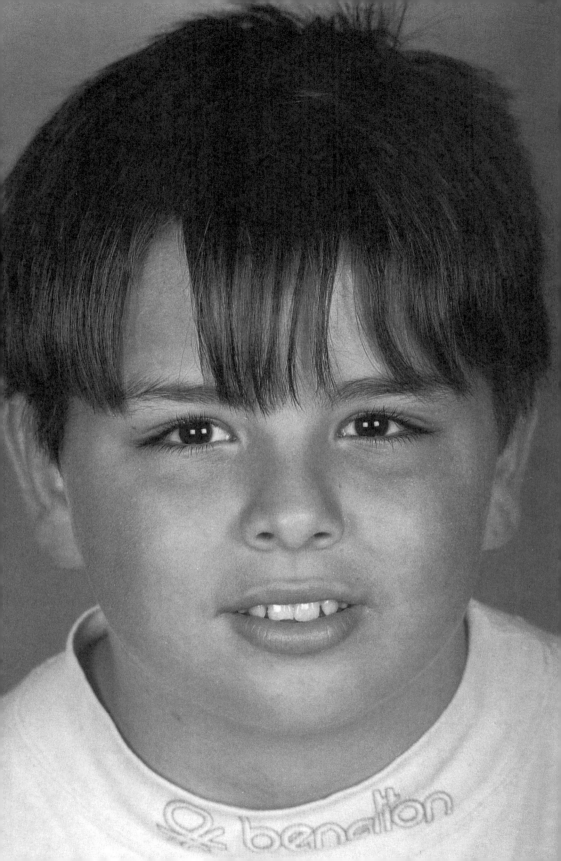

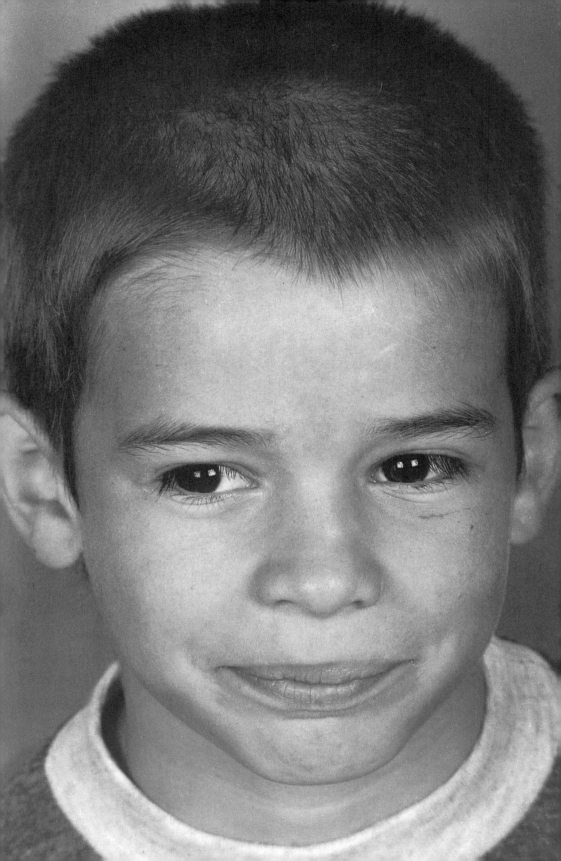

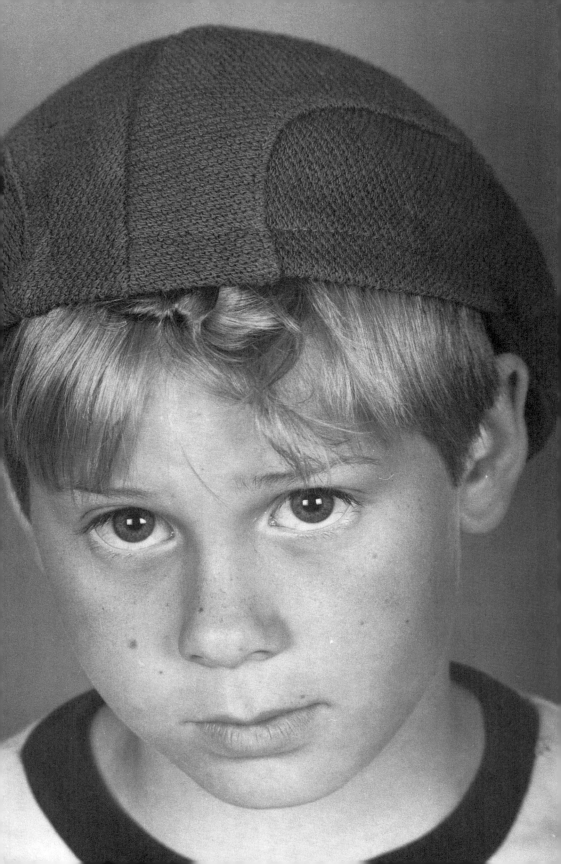

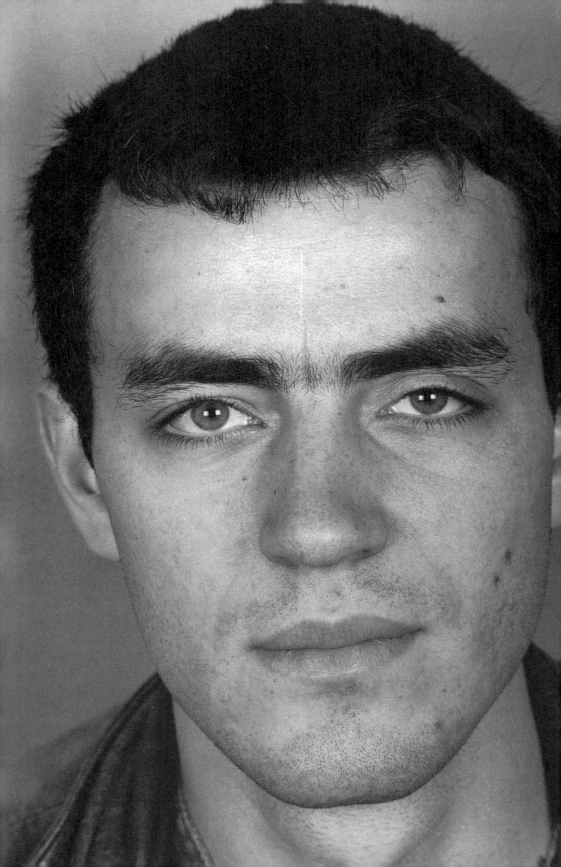

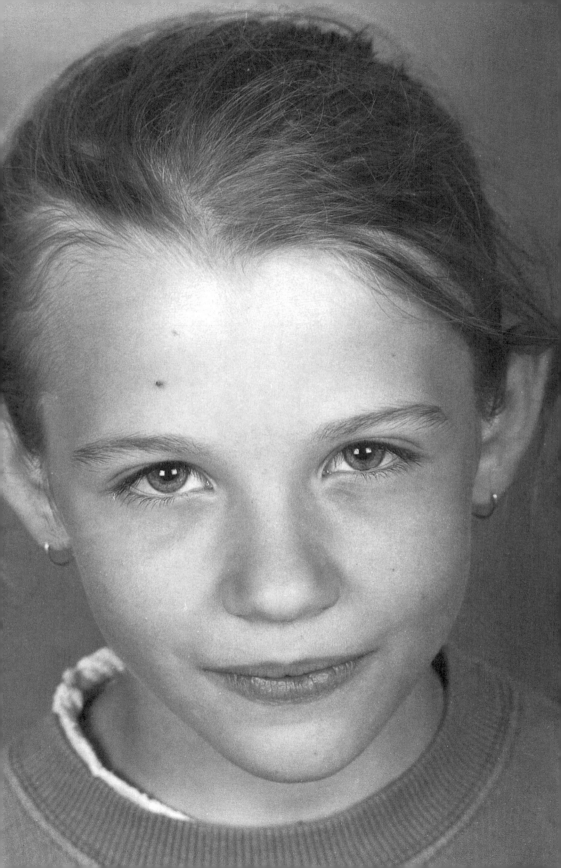

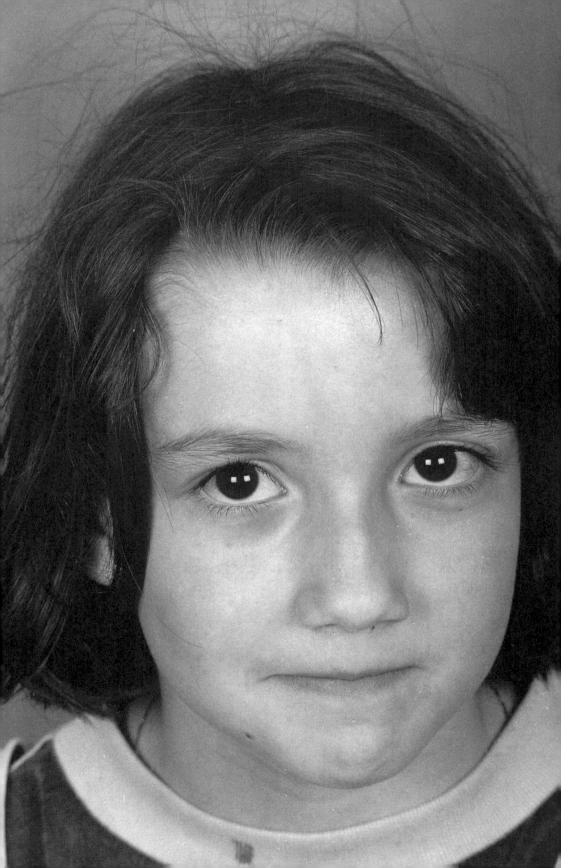

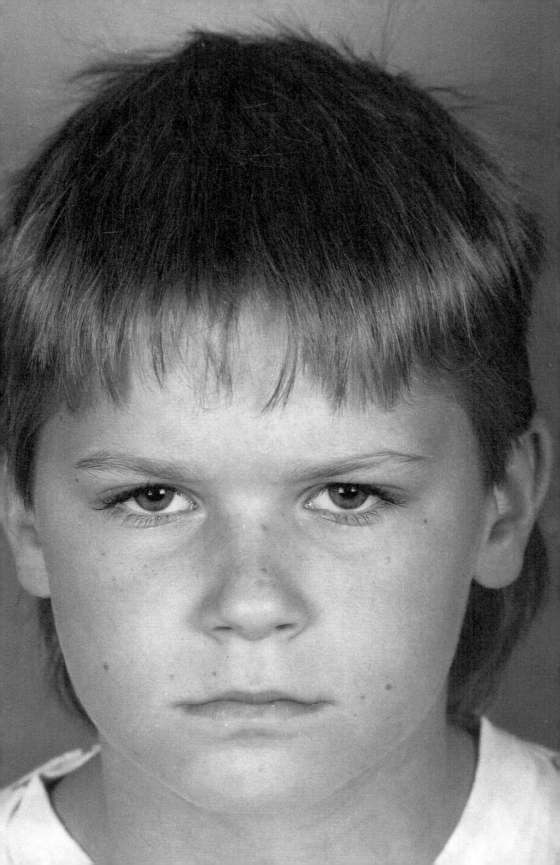

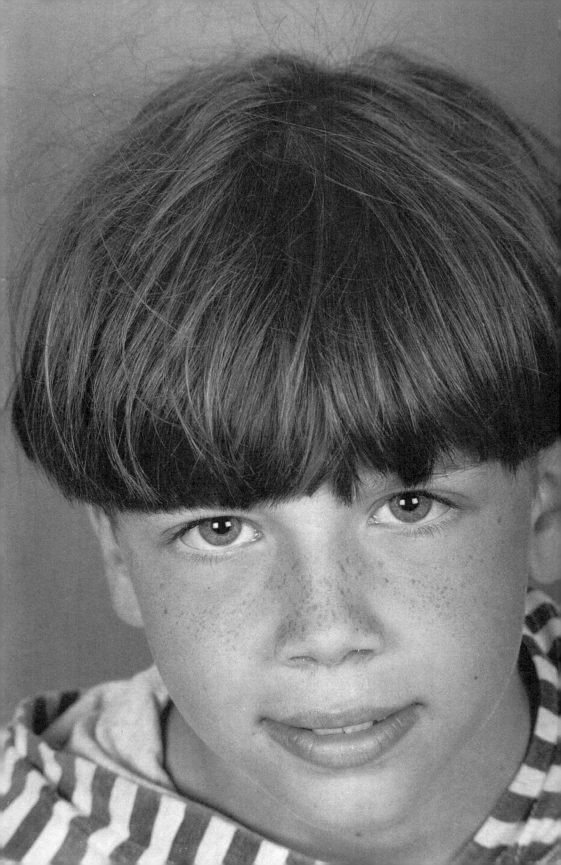

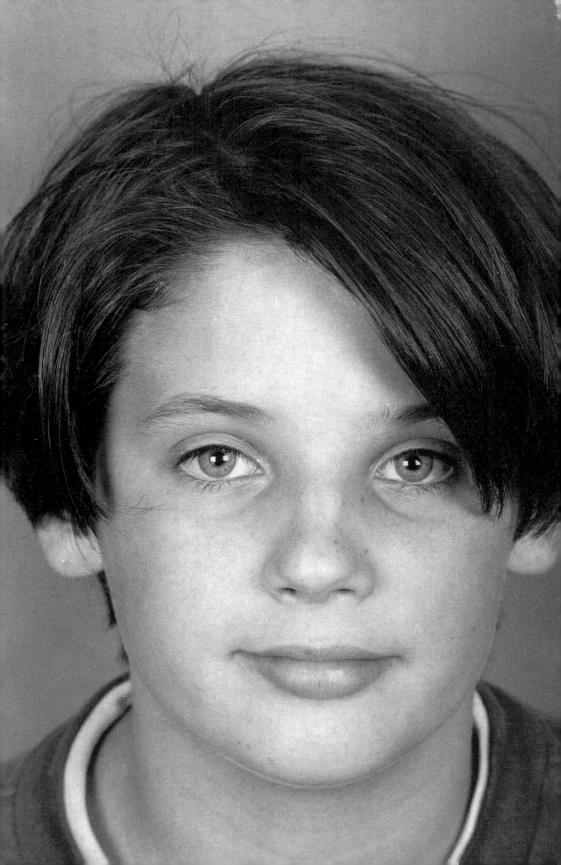

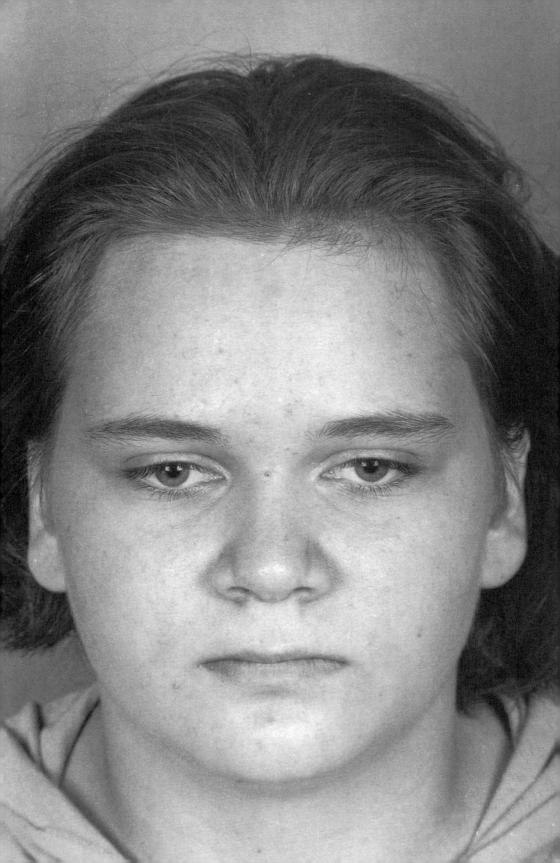

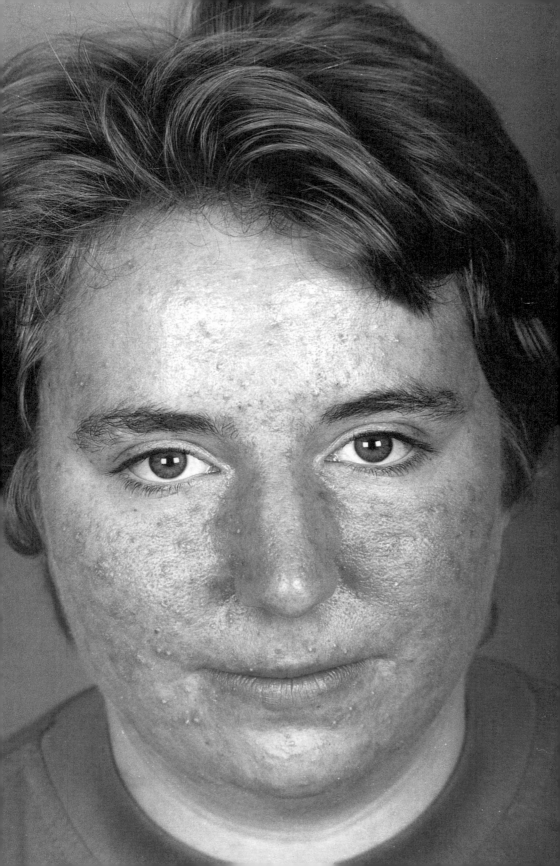

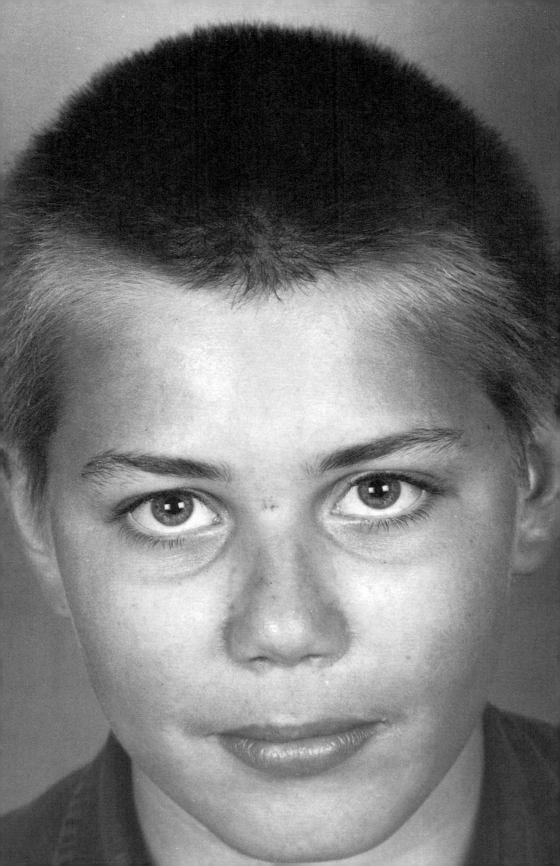

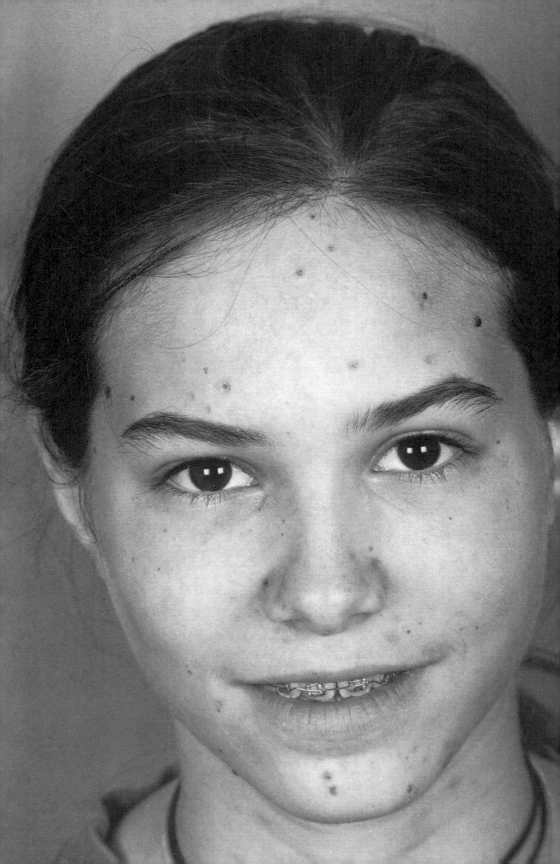

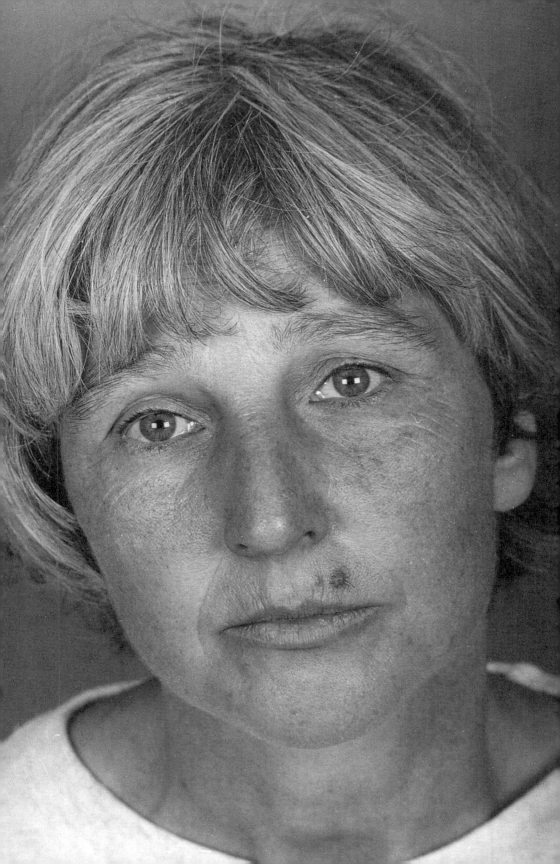

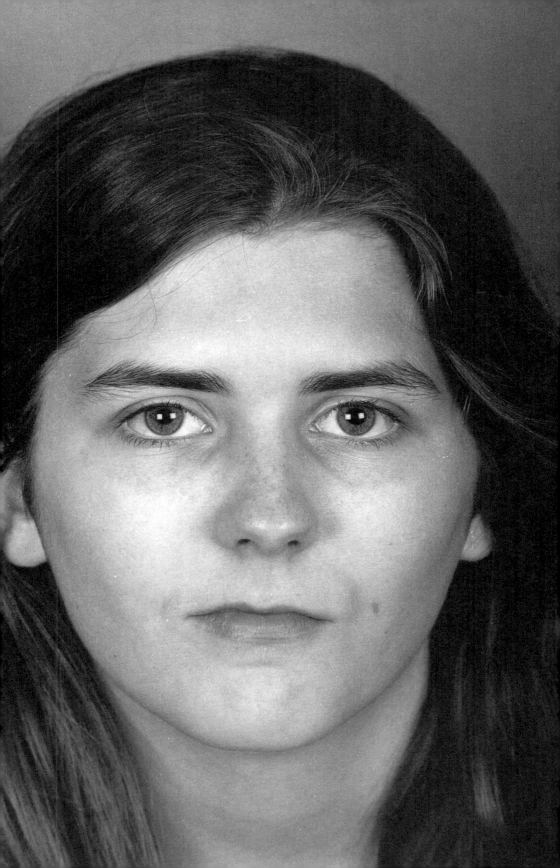

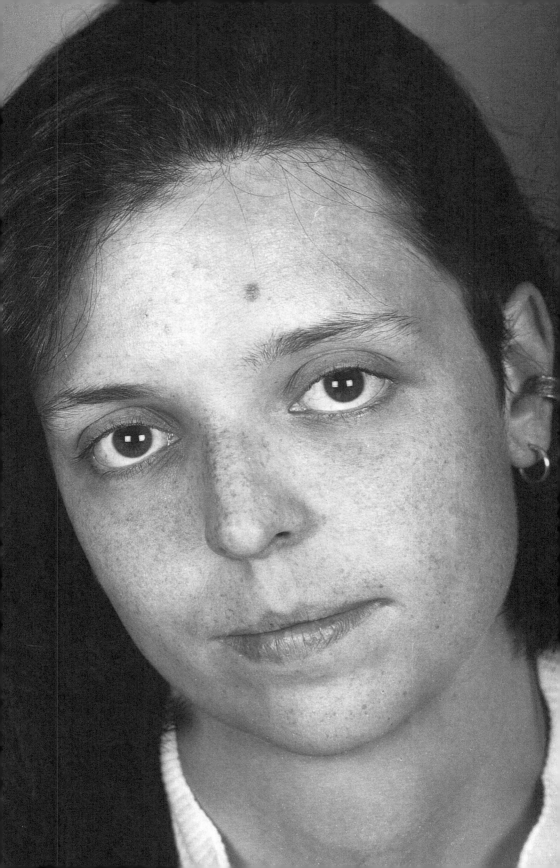

# EINE WELT MIT VIELEN GESICHTERN

„*Das allgemeine Selbstbewußtsein* ist das positive Wissen seiner selbst im anderen Selbst, deren jedes als freie Einzelnheit absolute Selbstständigkeit hat, aber durch die Negation seiner Unmittelbarkeit sich nicht vom andern unterscheidet, allgemeines und objektiv ist und die reelle Allgemeinheit so hat, als es im freien Andern sich anerkannt weiß, und dieß weiß, insofern es das Andere anerkennt und es frei weiß.' Dieß ist das Selbstbewußtsein als allgemeines, das Ichselbst ist das Sprödeste, aber durch die Bildung ist dieß Ichselbst das an sich die freie Allgemeinheit ist reell, in seinem Dasein dieser seiner Allgemeinheit gleich gemacht. Es ist sich selbst zu wissen, seine Freiheit, seine Selbstständigkeit darin zu wissen daß ich das Andere frei weiß, also mein freies Selbstbewußtsein habe in der Freiheit des Selbstbewußtsein der Anderen. Dieß allgemeine Wiederscheinen des Selbstbewußtseins, der Begriff, der sich in seiner Objektivität als mit sich identische Subjektivität und darum allgemein weiß, ist die Substanz jeder wesentlichen Geistigkeit; der Familie, des Vaterlandes, des Rechts; so wie alle Tugenden, – der Liebe, Freundschaft, Tapferkeit, der Ehre, des Ruhms. Alle diese Verhältnisse haben zur substantiellen Grundlage das wiederscheinende Selbstbewußtsein, ich bin und scheine dieß und dieser Schein ist im Anderen, das Dasein als Anderes ist nur ein Schein, sie sind dasselbe was ich bin und ich bin so nur im Schein des Anderen." [1]

Kunst ist Erkenntnis mit sinnlichen Mitteln. Dieser einfache Satz wird von Alexander Honory in staunenswerter Weise umgesetzt. Im Zentrum seines Werkes steht der Alltagsmensch. Sein fotografisches Selbstbild wird in Fotoserien präsentiert, die bei gesellschaftlich bedeutsamen Schwellenereignissen wie Taufen, Hochzeiten, Beerdigungen oder Familienfeiern aufgenommen wurden. Alexander Honory sammelte Fotografien solcher Feierlichkeiten, die gleichzeitig ein Dokument des Selbstverständnisses der Fotografierenden sind und – in der Reihung – die starke gesellschaftliche Konformität eben dieser Ereignisse zeigen.

In seinem neuen Projekt will Alexander Honory dieses Thema in einem großangelegten künstlerischen „Feldversuch" weiter ausbauen. Sein Interesse zielt kontinuierlich auf die spannungsreiche Verwobenheit zwischen der individuellen Besonderheit des Einzelnen und den allgemeinen gesellschaftlichen Strukturen. Analog zu einem naturwissenschaftlichen Experiment werden einige wenige Grundparameter festgelegt und Arbeitshypothesen gebildet. Auf vier Kontinenten werden in insgesamt zwölf Städten jeweils die Gesichter von 720 Passanten vor neutralem Hintergrund frontal fotografiert und zehn Sekunden lang auf Video aufgenommen. Die Aufnahmen finden in Bürocontainern statt, die an zentralen Plätzen dieser Städte aufgestellt sind. Für jede Stadt werden die Bilder in einer Publikation und auf Videoband dokumentiert und städtischen Archiven zu Forschungszwecken überlassen.

Die Arbeitshypothesen für diese Projekte lauten:

1) Wenn der Mensch, wie etwa in dem oben aufgeführten Hegelwort, für seine Persönlichkeitsbildung maßgeblich auf sein gesellschaftliches Umfeld angewiesen ist, kann man dann in den Fotografien der Gesichter von Menschen an einem bestimmten Ort etwas von den „Verhältnissen" dieses Ortes und dieser Zeit wahrnehmen?

2) Wie nehme ich Gesichter wahr, wenn ich sie auf Tausenden von Fotos nacheinander und als ein über 24 Stunden fortlaufendes Video sehe? Ist die Erinnerung an einzelne Gesichter in dieser Reihung möglich oder stellt sich ein diffuses atmosphärisch aufgeladenes Bildgemenge ein?

3) Stellen sich nach der Betrachtung aller Fotos gemeinsame Merkmale der Gesichter heraus oder überwiegt das Bedürfnis unterscheidende Details herauszustellen?

Wahrnehmungspsychologische Untersuchungen haben gezeigt, daß Menschen zunächst das Gesicht und darin wiederum die Augen mit dem Blick abtasten und darüber eine Person identifizieren, aber auch emotional beurteilen. Die Betrachtung der Arbeit Alexander Honorys kann darüber aufklären, wie die persönlichen Identifikationsmuster aussehen.

Sozialpsychologische Forschungen haben außerdem gezeigt, daß beim Anblick eines Gesichts in Sekundenschnelle definitive und kaum mehr revidierbare Entscheidungen über Sympathie und Mißfallen getroffen werden. Dieses Projekt könnte standardisierte persönliche Beurteilungsmechanismen mit künstlerischen Mitteln offenlegen. Es könnte aber auch gesellschaftliche Vorurteilsstrukturen im Ländervergleich aufzeigen. Da das Bildmaterial archiviert wird, sind darüber hinaus diachrone Wahrnehmungsstudien möglich, die belegen könnten, daß bestimmte

Gesichter nicht mehr Gefühle der Fremdheit oder Angst hervorrufen, wenn sich gesellschaftliche oder persönliche Rahmenbedingungen verändert haben.

Alexander Honorys Projekt ist damit im besten Sinne ein modernes Kunstwerk, da sich die formalen Mittel und die Konzeption auf dem Niveau des ausgehenden 20. Jahrhunderts adäquat bewegen. Das gilt auch für seine räumliche Weite, denn die realen Personen im „global village" Erde werden von ihm als Masse und als Individuen künstlerisch reflektiert. Ähnlich wie beim Übergang vom gemalten Bild zum Foto vermittelt inzwischen das Foto einen „auratischen" (Walter Benjamin) Nimbus der dargestellten Persönlichkeit, wie ihn das Computerbild bisher nicht bei uns erzeugt. Alexander Honory hat außerdem den Mut, die „Offenheit" seiner Arbeitshypothesen ähnlich einem guten Naturwissenschaftler tatsächlich bis zum Abschluß des Projektes offen zu halten und keine vorschnellen Antworten zu liefern. Im Gegensatz zur Naturwissenschaft lassen sich jedoch seine Kunstwerke nicht auf statistische Ergebnisse reduzieren, da die Art und Weise, wie die Fotografien angeschaut werden können, eben von einem ganzen Universum persönlicher und sozialer Komponenten abhängt, deren Inhalte niemals vollständig quantitativ erfaßt werden können.

Alexander Honory sucht mit sinnlichen Mitteln, wesentliche Wahrnehmungsarten seiner Zeitgenossen darzustellen, deren Bestimmungen sich in der Spannung zwischen Massenpunkt und der unantastbaren Würde des Einzelnen bewegen.

Iris Gniosdorsch

[1] G. W. F. Hegel, *Philosophie des subjektiven Geistes*, § 358, S. 344, Hrg: J. M. Petry

# A WORLD WITH MANY FACES

"*Universal self-consciousness* is the positive knowing of one's self in the other self. Each has absolute independence as a free singularity, but does not differentiate itself from the other through the negation of its immediacy. Each is therefore universal and objective, and possesses the real nature of universality in that it knows that it knows this in so far as it recognizes the other and knows it to be free.' This is self-consciousness in its universality. Although the ego itself is what is most unyielding, in that it is trained, it is the equal of its universality in its determinate being, and is therefore implicitly free universality, of a real nature. Such self-consciousness is self-knowledge, and knows of its freedom or independence in that the ego knows the other to be free. It is thus that I have my free self-consciousness in the freedom of the others' self-consciousness. This universal reflectedness of self-consciousness is the Notion, which since it knows itself to be in its objectivity as subjectivity identical with itself, knows itself to be universal. It is not only the substance of all the essential spirituality of the family, the native country, the law, but also of all virtues, – of love, friendship, valour, honour, fame. Interreflecting self-consciousness is the substantial basis of all these relationships. I am, and I appear as such, and this apparency has being within the other, the determinate being, as an other, being merely an apparency. They are the same as I am, and I am what I am only in the apparency of the other." [1]

Art is recognition through sensory means. Alexander Honory has translated this simple saying into his work in an astonishing way. Central to his work is the every-day person. Photographic images are presented in photoseries, taken at socially mean-ingful milestone events, such as christenings, weddings, funerals or family reunions. Alexander Honory collects photographs of such festivities, which document the photographed and their understanding of themselves, while at the same time, emphasizing the strong social conformity of these events through their presentation as a series of photos.

In his new project, Alexander Honory wants to develop this theme as a large-scale "field project". His interest is consistently aimed at the tension created by the interweaving between the individual in particular and general social structures. Analogous with a natural science experiment, a few basic parameters are determined and working hypotheses are constructed. On four continents, in twelve cities respectively, the faces of 720 passers-by will be photographed in front of a neutral backdrop, and recorded on video for 10 seconds. This will be done in office containers situated in central locations in each of these cities. The images taken in every city will be documented in a publication and on videotape; they will be made available for research in the city archives.

The working hypotheses for this project are as follows:

1) When one has, as in the aforementioned quote from Hegel, to rely substantially on one's social surroundings for the construction of one's personality, is one able then to observe in the photographs of the faces of people in a certain place, something of the "relations" of that place and that time?

2) How do I take in the faces, when I see them on thousands of photos one after the other, or as part of a continuous 24 hour-long videotape? Is it possible to remember the individual faces in the series or, is all that is left a mixture of diffuse atmosphere-loaded images?

3) When all the photos have been looked at, is it the common features of the faces in all the photos which prove important, or is this outweighed by the need to pick out distinguishing features?

Tests in the psychology of perception have demonstrated that in order to identify and emotionally judge someone, people first of all scan the face starting with the eyes. Looking at Alexander Honory's work can throw light on the nature of these patterns of personal identification.

Moreover, social psychological research has shown that within a fraction of a second, people look at a face and from the eyes draw certain conclusions as to whether that person is sympathetic or not, which they rarely revise. Through means specific to art, this project could reveal standardized personal judgement mechanisms. It could, however, also expose social prejudice structures, by comparing the different countries. As the image material is put into the archives, diachronical observation studies become possible, which could prove that certain faces no longer evoke feelings of foreign-ness or fear, when social or personal frames of of reference have changed.

Alexander Honory's project is thus in the best sense a modern work of art, as the formal means and the concept are adequately in tune with the phasing out of the 20th century. This is equally valid in regards to its spatial scope, since the real persons on earth, the "global village", are reflected, through art, both as a mass and as individuals. Similar to the transition from the painted picture to the photograph, the photograph mediates an "auratic" (Walter Benjamin) nimbus of the portrayed person, that, so far, the computerized image does not produce. Moreover, Alexander Honory has the courage to keep the "open-ness" of his working hypotheses open until the end of the project, in the manner of a good natural scientist, and not to provide any hasty answers. Contrary, however, to natural science, his art projects cannot be reduced to statistical results, as the way in which the photographs can be seen depends upon a whole universe of personal and social components, the content of which can never be completely grasped in a quantitative way. Alexander Honory looks with sensory means to realize essential ways of observing his contemporaries, whose destinies move in the tension between mass points and the unviobale dignity of the individual.

Iris Gniosdorsch

[1] G.W.F. Hegel, *Philosophie des subjektiven Geistes*, § 358, p. 345, publ.: J.M.Petry

Dank

„Das Gesicht der Stadt Wien" wurde maßgeblich ermöglicht durch die finanzielle Unterstützung des Österreichischen Bundesministeriums für auswärtige Angelegenheiten und des Österreichischen Bundesministeriums für Wissenschaft, Verkehr und Kunst sowie von KulturKontakt Austria, der Kulturabteilung der Stadt Wien und der Europäischen Kommission – Kaleidoskop Programm 1997.

Für weitere Unterstützung finanzieller, anderweitig materieller sowie ideeller und tatkräftiger Art zur Durchführung von „Eine Welt mit vielen Gesichtern" danken wir den folgenden Institutionen und Personen:

Deutsche Gesellschaft für Photographie e.V., Köln
Deutsche UNESCO-Kommission, Bonn
Elfo, Łódź
Die Erste Österreichische Spar-Casse-Bank AG, Wien
Foto Shop Naschmarkt, Wien
Labo Color, Łódź
Österreichische UNESCO-Kommission, Wien
Dipl. Ing. Wargalla + Partner, Reprowerkstatt GmbH, Köln
theuretzbacher/theuretzbacher, Wien
Zeitsprung Film & Video GmbH, Köln
Małgorzata Jankowska, Köln
Silke Lent, Köln
Gisela Porod, Wien
Romie Singh, Köln
Bettina Strunk, Köln




Für ihre Unterstützung bei der Verwirklichung der Foto- und Videoaufnahmen danken wir:

Gerry Ammann, Wien
Judith Hemmer, Wien
Ewa Kaja, Wien
Aurette Leroy, Paris

Acknowledgements

"The Face of the City of Vienna" was made possible through the substantial
financial support of the Austrian Federal Ministry for Foreign Affairs and the
Austrian Federal Ministry for Science, Traffic and the Arts, as well as
KulturKontakt Austria, the Art Department of the City of Vienna, and European
Commission – Kaleidoscop Programme 1997.


For additional financial, material, mental and practical support for the realization
of "A world with many faces" we thank:


German Society for Photography e.V., Cologne
German UNESCO-Commission, Bonn
Elfo, Łódź
Die Erste Österreichische Spar-Casse-Bank AG, Vienna
Foto Shop Naschmarkt, Vienna
Labo Color, Łódź
Austrian UNESCO-Commission, Vienna
Dipl. Ing. Wargalla + Partner, Reprowerkstatt GmbH, Cologne
theuretzbacher/theuretzbacher, Vienna
Zeitsprung Film & Video GmbH, Cologne
Małgorzata Jankowska, Cologne
Silke Lent, Cologne
Gisela Porod, Vienna
Romie Singh, Cologne
Bettina Strunk, Cologne


For their technical support with the realization of shooting the photographs and
videotapes we thank:

Gerry Ammann, Vienna
Judith Hemmer, Vienna
Ewa Kaja, Vienna
Aurette Leroy, Paris

Eine Welt mit vielen Gesichtern / One world with many faces
Band / volume  I: Wien / Vienna
Band / volume  II: Antwerpen / Antwerp

Projektträger / Project management
Das Wiener Symposion, Wien

Organisation, Koordination und Produktion
Engelbert Theuretzbacher, Wien

Text
Iris Gniosdorsch

Übersetzung / Translation
Kaatje Cusse, Brüssel

Gestaltung / Layout
Ewa Kulasek

Lithos
Dipl. Ing. Wagalla + Partner
Reprowerkstatt GmbH, Köln

Druck / Print
Druck- & Verlagshaus Wienand, Köln

Verlag / Publishing house
Salon Verlag, Köln

ISBN 3-932189-90-6

Die Deutsche Bibliothek - CIP-Einheitsaufnahme
**Honory, Alexander:**
Eine Welt mit vielen Gesichtern: ein Projekt = One world with many faces /
von Alexander Honory. [Übers. Kaatje Cusse]. - Köln: Salon- Verl.
Bd. 1. Das Gesicht der Stadt Wien. - 1997
ISBN 3-932189-90-6